Rick Joyner

Botschaft an die

Glorreiche Gemeinde

Band I

Eine Auslegung der ersten vier Kapitel des Epheserbriefes

Rick Joyner

Botschaft an die

Glorreiche Gemeinde

Band I

Eine Auslegung der ersten vier Kapitel des Epheserbriefes

Schleife Verlag, CH-Winterthur

Titel der Originalausgabe:
A Message to the Glorious Church Volume 1

Published by MorningStar Ministries and Publications,
P. O. Box 19409, Charlotte, NC 28219-9409 U.S.A.
Tel 704 522 8111 Fax 704 522 7212
www.morningstarministries.org

1. Auflage Januar 2004

Postfach 85, CH-8411 Winterthur, Switzerland.
Tel. +41 (0) 52 2322424, Fax. +41 (0) 52 2336082
Email: publications@schleife.ch • www.schleife.ch
ISBN 3-907827-33-3

Vertriebspartner Deutschland, Österreich: Gerth Medien, Asslar
Schweiz: Gerth Medien AG, CH-Rothrist

Bibelzitate wurden, soweit nicht anders angegeben, der Lutherbibel
(revidierte Fassung von 1984) entnommen.

Der Text des Buches folgt den Regeln der neuen deutschen Rechtschreibung.
Die Bibelzitate sind der neuen Rechtschreibung angepasst.

Übersetzung: Jens Uhder
Lektorat: Michael Herwig, Judith Petri
Umschlaggestaltung: Pia Maurer

Satz und Druck: Schönbach-Druck GmbH, D-Erzhausen

INHALTSVERZEICHNIS

Vorwort 7

TEIL I: Vision einer herrlichen Bestimmung

Kapitel 1 Den Berg ersteigen 13
Kapitel 2 Eine Landkarte zum Reich Gottes 25
Kapitel 3 Unsere wahre Bestimmung erkennen 29
Kapitel 4 Für einen Zweck bestimmt 35
Kapitel 5 Ein herrliches Erbe 41
Kapitel 6 Unfassbare Liebe 47
Kapitel 7 Erleuchtete Augen 51
Kapitel 8 Saatbeete der Kraft 55
Kapitel 9 Allerhöchste Autorität 59

TEIL II: Vision eines himmlischen Wandels

Kapitel 10 Mit Ihm in himmlischen Örtern 65
Kapitel 11 Das Geschenk Gottes 73
Kapitel 12 Vom Tod zum Leben 81
Kapitel 13 Der neue Mensch 85
Kapitel 14 Die Prüfung 91
Kapitel 15 Das Fundament und der Schlussstein 95

TEIL III: Eine wachsende Vision

Kapitel 16 Eine allumfassende Vision 103
Kapitel 17 Kraft zur Gnade 109
Kapitel 18 Als Zeugen vor Mächten und Gewalten 115
Kapitel 19 Bedrängnis und Herrlichkeit 121

Kapitel 20 Die Familie und der innere Mensch 127
Kapitel 21 Erkenntnis, die zum Leben führt 133
Kapitel 22 Die ganze Fülle Christi in uns 137

TEIL IV: Für die Ewigkeit gemacht

Kapitel 23 Der Berufung würdig leben 143
Kapitel 24 In Einheit wachsen 147
Kapitel 25 Ihre Gnadengabe 151
Kapitel 26 Erfüllt werden 155
Kapitel 27 Zugerüstet werden 161
Kapitel 28 Unsere Berufung erkennen 165
Kapitel 29 Der Prophet 171
Kapitel 30 Der Evangelist 177
Kapitel 31 Der Pastor 183
Kapitel 32 Der Lehrer 189
Kapitel 33 Das Ziel des Dienstes 193

TEIL V: Auf festem Grund

Kapitel 34 Festigkeit und ein klares Unterscheidungsvermögen 199
Kapitel 35 In Liebe wahrhaftig sein 205
Kapitel 36 Die Nichtigkeit des Sinnes 211
Kapitel 37 Die Erneuerung unseres Sinnes 217
Kapitel 38 Liebe zur Wahrheit 221
Kapitel 39 Arbeiten oder Stehlen 229
Kapitel 40 Worte, die aufbauen 233
Kapitel 41 Betrübt nicht den Heiligen Geist 237

Vorwort

Der Brief des Paulus an die Epheser gilt vielen als das aussergewöhnlichste, interessanteste und kraftvollste Buch in der Bibel überhaupt. Darüber liesse sich sicherlich streiten. Unstrittig ist jedoch, dass wir im Epheserbrief die klarste und umfassendste Darstellung unserer Berufung finden, als einzelne Gläubige ebenso wie als Leib Christi insgesamt. In dieser Hinsicht reicht einfach kein anderes Buch in der Bibel an den Epheserbrief heran.

Das vorliegende Buch ist der erste Band einer Auslegung zum Epheserbrief, in der wir die ersten vier Kapitel Vers für Vers betrachten wollen. Der Brief befasst sich mit drei Hauptthemen und einer Reihe von Nebengedanken, die allesamt Gegenstand einer eigenen Untersuchung sein könnten. Dennoch habe ich mich entschlossen, den gesamten Themenkomplex zusammen in zwei Bänden abzuhandeln, die eigentlich eine Einheit darstellen.

Obwohl ich bei der Betrachtung des Epheserbriefes Vers für Vers vorgehe, halte ich diese Arbeit nicht für einen erschöpfenden Kommentar. Der Brief enthält eine Vielzahl von Versen, die es wert wären, ein ganzes Buch darüber zu schreiben. Einen Vers habe ich bereits einmal zum Gegenstand eines eigenen Buches gemacht; es trägt den Titel *The Surpassing Greatness of His Power (Die überschwängliche Grösse Seiner Kraft)*. Dennoch hatte ich am Ende den Eindruck, das Thema nur oberflächlich gestreift zu haben. Es ist eine Eigenart der Herrlichkeit des Wortes Gottes, dass man in schier unendliche Tiefen der Weisheit und der Erkenntnis vordringen kann.

Ich habe keinen Zweifel daran, dass jeder, der ein solches Buch zur Hand nimmt, ein geistlicher Goldgräber sein muss. Mir selbst haben sich im Epheserbrief einige der grössten Schätze aufgetan, die ich in der Bibel überhaupt finden konnte. Ich bete, dass es mir nicht nur gelingt, Sie daran Anteil haben zu lassen, sondern dass ich Sie vielmehr dazu anregen kann, noch weiter in die Tiefe zu graben und in dieses unermessliche Reservoir an Hoffnung und visionärer Schau vorzustossen. Unser allererstes Ziel besteht freilich nicht darin, Reichtümer zu horten. Wir wollen sie in bare Münze einlösen! Ich meine damit, dass diese Schätze uns nicht nur inspirieren sollen, sie müssen zur Richtschnur unseres Lebens im Alltag werden.

Irgendjemand muss ja einmal dahin gelangen, in das volle Mass der Herrlichkeit hineinzuwachsen, das Paulus für die Gemeinde Jesu schaute. Warum nicht wir? Ganz unabhängig von Ihren heutigen Lebensumständen gibt es nichts, was Sie davon abhalten könnte, ein Mensch zu werden, der Gott so nahe kommt, dass allein der Sohn Gottes ihn an Nähe zum Vater noch übertrifft. Es gibt nichts, was uns daran hindern könnte, dem vollen Mass dessen nachzujagen, was uns in ihm zugedacht ist. Allein unser Mangel an Glaube und an Geduld – und damit ist auch unsere Disziplin in Jesus gemeint – vermag uns hier Grenzen zu setzen.

Insgesamt scheint es mir, dass wir in den letzten Jahrzehnten in der Christenheit weltweit, insbesondere aber in der westlichen Welt, einen Einbruch im Niveau unserer Hingabe und Treue zu Jesus erlebt haben. Dies hat solche Ausmasse angenommen, dass einige geneigt sind, von einem „grossen Abfall" zu sprechen, und andere meinen sogar, dass wir offensichtlich in jener Zeit leben, „in der die Liebe in vielen erkaltet". Solche Beobachtungen mögen zutreffend sein, doch inmitten dieser traurigen Tendenz scheint sich etwas überaus Ermutigendes abzuzeichnen. Immer mehr Christen fassen den festen Entschluss, ihr wirkliches Potenzial in Jesus zu ergreifen. Sie haben die Kosten überschlagen und sind bereit, diesen Weg zu gehen, koste es, was es wolle. Sie haben ihre weltlichen Träume und Ambitionen geopfert und nehmen alles auf sich, um Gott näher kennen zu lernen und mit ihm zu leben. In Zeiten, da dies zunehmend schwieriger wird, sind solche Erweise von Treue in Gottes Augen umso kostbarer.

Aus diesem einen Grunde sind Sie auf der Welt. Sie sind nicht einfach nur hier, um Schätze aufzuspüren, sondern um selbst ein

Schatz für Gott zu werden. Ein Schatz ist deshalb so wertvoll, weil er selten und schwer zu finden ist. Dies gilt auch für jene grossartigen Menschen, an die sich der Epheserbrief in besonderer Weise richtet. Wir tun recht daran, wenn wir um diejenigen Leid tragen, die vom Glauben wieder abfallen; aber jene, die den wahren Glauben bewahren, finden die Quelle ihrer Hoffnung nicht in dem, was andere tun. Wir beziehen unsere Hoffnung vielmehr aus dem Bewusstsein, dass selbst ein Leben, das nur dem einen Zweck gedient hat, unserem König einen kurzen Moment lang Freude zu bereiten, ein herrlicher Erfolg wäre, den kein irdischer Schatz jemals aufzuwiegen vermag.

Unser „Erfolg" in Christus lässt sich im Grunde auf einen einzigen Nenner reduzieren: Es kommt nicht darauf an, welchen Segen wir erlangt oder was wir selbst gewonnen haben, sondern allein darauf, wie viel Ehre wir unserem König gemacht haben. Wir alle halten nach Schätzen Ausschau, wenn auch diejenigen, die den wahren Schätzen des Geistes nachspüren, sich auf diesem Weg mitunter ziemlich allein fühlen. Doch selbst wenn wir zur letztgenannten Gruppe gehören, müssen wir irgendwann an den Punkt kommen, an dem wir jenes höchste Ziel ins Visier nehmen, nämlich selbst zum Schatz zu werden. Wir müssen dahin gelangen, dass unsere Vision sich erfüllt und wir zu dem werden, was wir geschaut haben. Danach streben wir. Dies bedeutet nichts anderes, als dass wir, wie es in Epheser 4,15 heisst, *„in allem hinwachsen zu ihm, der das Haupt ist, Christus"*.

TEIL I

Vision einer herrlichen Bestimmung

Bibelarbeit zum Epheserbrief
Kapitel 1

Kapitel 1

Den Berg ersteigen

Das Leben als Christ ist die höchste Bestimmung für uns Menschen und gleichzeitig das grösste Abenteuer. Es gibt keine edlere Aufgabe und kein höheres Ziel, als dem König der Könige zu dienen. Jeder Christ hat eine Berufung, die höher ist als jedes irdische Amt oder jede irdische Position. In diesem Buch geht es darum, wie wir als Christen in dieser herrlichen Bestimmung leben können, die uns Paulus im Brief an die Epheser, einem der bemerkenswertesten Bücher des Neuen Testaments, vor Augen führt.

Ich habe von verschiedenen Seiten immer wieder gehört, dass mein Buch *Der letzte Aufbruch* vor allem deshalb eine solche Popularität erlangt hat, weil es eine so eindrucksvolle Offenbarung der Herrlichkeit der christlichen Nachfolge enthält. Ich muss gestehen, dass die Kernaussagen dieses Buches mein eigenes Leben und meine Botschaft radikal verändert haben. Doch der eigentliche Grund, warum ich diese Visionen veröffentlicht habe, bestand nicht darin, einfach nur ein inspirierendes Buch herauszubringen. Es ging mir vielmehr darum, Christen dazu zu bewegen, ihre Bestimmung zu ergreifen, der Berufung nachzujagen – ja, dieses Abenteuer auszuleben. Das Buch, das Sie nun in den Händen halten, ist für alle diejenigen bestimmt, denen daran gelegen ist, dass aus Träumen Wirklichkeit wird und Visionen in konkrete Ziele umgesetzt werden, die am Ende tatsächlich erreichbar sind.

In den Visionen, die in dem Buch *Der letzte Aufbruch* beschrieben sind, bestieg ich einen Berg. Es war ein besonderer, ein majestätischer Berg. Er war nicht einfach zu besteigen, aber er war von Herrlichkeit gekrönt. Der Berg stand für die Heilige Schrift, das Wort Gottes. Die Bibel enthält die edelsten Absichten und die erhabensten Gedanken, die Menschen jemals zu fassen vermochten. Es ist ein unvergleichliches Abenteuer, wenn wir uns daranmachen, die Wege Gottes, die uns in der Bibel offenbart sind, verstehen zu lernen. Die Bibel ist die Landkarte, die uns gegeben wurde, um unser Leben danach auszurichten; das Ziel jedoch ist das Leben. Der Weg dorthin ist ein wahrhaftiges Abenteuer.

Der Berg, den ich in meiner Vision sah, hatte verschiedene Ebenen, die jeweils für unterschiedliche biblische Wahrheiten standen. Ich musste jeweils die Wahrheit auf einer Ebene verstanden haben, um zur nächsthöheren Ebene vordringen zu können. Eine der grundlegenden Lektionen dieser Vision ist es, dass unser geistliches Leben mit einer Bergbesteigung vergleichbar ist, bei der wir etappenweise in immer grössere Höhen vordringen. Geistliches Wachstum besteht darin, dass wir die Wahrheit Gottes, die uns in der Schrift offenbart ist, zunehmend klarer verstehen und dadurch in unserem Wesen so verändert werden, dass wir dem König mehr und mehr gleichen. Dadurch wiederum wächst unser Glaube und unsere Autorität, so dass wir in seinem Namen nach und nach immer grössere geistliche Herausforderungen auf uns nehmen können. Dieses Buch ist als eine praktische Hilfe zu einem schrittweisen Aufstieg im Glaubensleben gedacht, so wie er im Epheserbrief vorgezeichnet ist.

Wenn wir von der Wahrheit dieser Botschaft profitieren wollen, dann müssen wir zunächst begreifen, dass Gott widrige Umstände und Angriffe des Feindes in unserem Leben vor allem deshalb zulässt, damit wir auf dem Bergpfad zur geistlichen Reife weiter nach oben vordringen. In diesem Buch werden wir es nicht bei einer oberflächlichen Betrachtung des Epheserbriefes bewenden lassen. Schliesslich ist er eine ganz praktische Wegbeschreibung zum Gipfel dieses Berges, geschrieben von einem der grössten Heiligen in der Geschichte der Christenheit, dem Apostel Paulus.

Wir werden den Epheserbrief Vers für Vers studieren und dabei eine klare und umfassende Schau gewinnen, wozu wir in Christus berufen sind – nicht nur als Gemeinde, sondern auch als einzelne Christen. Obwohl man den Epheserbrief mit einer Landkarte vergleichen kann, die uns bei der Bergbesteigung hilft, enthält er zugleich auch einen Kompass, der immer direkt auf den Gipfel zeigt. Er weist uns den nächsten Schritt nach oben und hält unsere Leidenschaft wach, den Gipfel zu erreichen. In der Bibel finden wir kaum ein Buch, das uns im selben Masse dazu ermutigt, uns auf dieses gewaltigste aller Abenteuer einzulassen, das wir auf dieser Erde jemals erleben könnten.

So bete ich, dass alle, die dieses Buch lesen, in diesem Sinne ermutigt und herausgefordert werden, im Herrn beständig weiter zu wachsen. Das Ziel, um das es uns geht, ist kein geringeres, als Ihm gleichgestaltet zu werden und zu Seiner Ehre die Werke zu tun, die er getan hat. Wir dürfen gewiss sein, dass es zum Ende dieses Zeitalters, dem wir mit grossen Schritten entgegengehen, eine Gemeinde geben wird, die den Berg erklimmt und schliesslich triumphierend auf dem Gipfel steht. Dann wird die ganze Welt staunend den Atem anhalten und gewahr werden, wozu Gott den Menschen eigentlich erschaffen hat.

Als ich in meiner Vision den Berg bestieg, kostete mich der Weg gewaltige Anstrengungen. Es war nicht nur erforderlich, bei jedem Schritt genau darauf zu achten, wo ich meinen Fuss hinsetzte; gleichzeitig musste ich auch den Feind bekämpfen. Ich kann mich noch lebhaft daran erinnern, wie ich jedes Mal eine Mischung aus Erleichterung und tiefer Befriedigung empfand, wenn ich wieder einen neuen Absatz erreichte, auf dem ich etwas ausruhen und neue Kräfte schöpfen konnte. Das Beste jedoch war, dass ich mich hier jeweils neu darüber orientieren konnte, wo ich mich befand und wie es um die Schlacht stand, die um den ganzen Berg herum wütete. Ich konnte auch nach oben blicken und den besten Pfad ausmachen, auf dem ich weiter hinaufsteigen würde.

Jede weitere Ebene eröffnete neue Perspektiven und tiefere Einblicke. Ich habe noch genau in Erinnerung, wie mich ein tiefes

Gefühl der Ermutigung erfasste, wann immer ich eine neue Ebene erreichte und sah, wie sich der Weg weiter den Berg hinaufschlängelte. Der Drang, den Weg zum Gipfel weiterzugehen, war so stark, dass er jeden Wunsch nach Musse und Ruhe bei weitem übertraf. Allein der Anblick des Pfades, wie er immer ein Stückchen weiter nach oben führte, gab mir Kraft und neuen Mut, egal, wie heftig die Schlacht tobte. Ich bin nach wie vor davon überzeugt, dass es nichts gibt, was uns als Christen inmitten der Kämpfe des Lebens mehr hilft – wir brauchen eine Perspektive, die uns den Weg nach oben weist. Der Epheserbrief ist wie vielleicht kein anderes Buch in der Bibel geeignet, uns den Weg nach oben zu erleuchten, egal, auf welcher Ebene wir uns im Augenblick gerade befinden.

Obwohl ich tief in mir den Drang verspürte, meinen Weg nach oben fortzusetzen, wusste ich doch, dass ich auf jedem Absatz so lange verweilen musste, bis ich dort wirklich fest gegründet war. In gewisser Hinsicht ging der Aufstieg über die Massen langsam vonstatten, und auf bestimmten Plateaus musste ich länger verweilen als andere. In der Vision sah ich auch, wie einige versuchten, den Gipfel zu erstürmen, aber keinem von ihnen ist das gelungen. So sehr ich mir auch wünschte weiterzukommen, ging es mir doch nicht darum, möglichst schnell zu sein, sondern immer einen sicheren Stand zu behalten. Ich wollte nicht einfach nur möglichst schnell möglichst hoch hinaus, mir war es wichtiger, am Ende auch wirklich auf dem Gipfel anzukommen. Darauf sollten wir in unserem geistlichen Wachstum immer bedacht sein. Wir müssen den Weg nach oben beständig weiter fortsetzen, aber wir müssen dabei von einer felsenfesten Grundlage ausgehen. In Hebräer 6,11-12 heisst es:

> *Wir wünschen aber sehr, dass jeder von euch denselben Eifer beweise, die Hoffnung festzuhalten bis ans Ende, damit ihr nicht träge werdet, sondern Nachfolger derer, die durch Glauben und Geduld die Verheissungen ererben.*

Wir brauchen Glauben *und* Geduld, um die Verheissungen zu erben. Haben Sie sich jemals gefragt, warum die „Glaubensbewegung“ eine solche Bedeutung erlangt hat? Doch wer hat jemals etwas von einer „Geduldsbewegung“ gehört? Ich bete für jeden von Ihnen, der dieses Buch liest, dass Sie, wie die beiden Worte aus den obigen Versen besagen,

1. in Ihrem Eifer zunehmen, damit Sie auf dem Weg des Glaubens nicht träge werden,
2. in der Hoffnung wachsen, die Sie bis ans Ende durchträgt,
3. sowohl im Glauben als auch in der Geduld zunehmen, damit Sie die Verheissungen ererben,
4. durch Ihren offensichtlichen Sieg andere dazu ermutigen, es Ihnen gleichzutun, damit weitere Menschen den Aufstieg wagen.

Nochmals: Wir brauchen für unser Leben mit dem Herrn eine Perspektive, die nach oben weist; doch die Frage, wie weit wir es bei unserem Aufstieg bringen, hängt von der Festigkeit unserer Fundamente ab. Es gibt zwei Dinge, die ich immer wieder bei Christen beobachte und die mich sehr erschrecken. Da gibt es zum einen diejenigen, die ein festes Glaubensfundament besitzen; aber das Alarmierende ist, dass ihnen oftmals jegliche Vision fehlt, um höher zu steigen. Starke Fundamente sind das einzige Ziel dieser Menschen, und sie haben keine Vorstellung davon, was Gott womöglich auf dieser Grundlage bauen will. Dann sind da jene, die eine ausgeprägte Vision haben, die sie nach oben drängt; aber ihnen wiederum mangelt es häufig an einem gesunden Fundament, weil sie zu ungeduldig sind, ihre Grundlagen zu festigen. Wir müssen unseren Glauben und unsere visionäre Perspektive ernst nehmen und dabei zugleich die Geduld aufbringen, uns eine solide Grundlage für den Aufstieg zu schaffen. Wer feste Fundamente hat, aber keine Vision, dessen geistliches Wachstum kommt zum Stillstand. Wer dagegen visionär lebt, ohne die Bibel zu studieren und sich um eine saubere und ausgewogene Lehre zu bemühen, der wird umso gefährlicher, je höher er kommt.

Wir müssen es also lernen, unsere Fundamente beständig zu

vertiefen und zugleich in immer grössere Höhen vorzudringen, was unsere Vision ebenso wie unsere geistlichen Errungenschaften anbelangt. Solange unser Charakter noch nicht wie der unseres Herrn ist – dies ist die eigentliche Frucht des Geistes –, haben wir unsere Bestimmung auf dieser Erde noch nicht erreicht. Solange wir nicht die Werke tun, die er tat – dies geschieht, indem wir es lernen, die Gaben des Geistes einzusetzen –, haben wir noch nicht den Grad an Reife und Fruchtbarkeit erlangt, zu dem wir berufen sind.

Dieses Buch ist notwendigerweise in eine Vielzahl von kurzen Kapiteln unterteilt, die sich jeweils einzelnen Versen des Epheserbriefes widmen. Jeder, der die Bibel näher studiert, stellt schnell fest, dass die biblischen Texte voller Wiederholungen sind. Dies hat Gott mit Absicht so gefügt. Studien haben gezeigt, dass weniger als 10 Prozent aller Menschen in der Lage sind, neue Gedanken aufzunehmen, wenn sie sie zum ersten Mal hören. Die allermeisten Menschen müssen eine Information mindestens viermal hören, bevor sie sie behalten. Als Christen müssen wir hier noch viel weiter gehen. Es reicht nicht, die Wahrheit lediglich zu verstehen und zu behalten – sie soll uns verändern und unser Wesen umgestalten.

Der Herr hat klar gesagt, dass es nicht ausreicht, das Wort nur zu hören, wenn wir unser Haus auf den Fels bauen wollen; wir müssen es hören und umsetzen. Wir wollen das Wort Gottes also hören und verstehen, aber wir sind uns ebenso bewusst, dass dies lediglich der Anfang sein kann – wir müssen Täter des Wortes werden.

Es ist nicht ausreichend, einfach daran zu glauben, dass die Dinge, die in der Bibel berichtet werden, auch wirklich stattgefunden haben. So wichtig dieser Aspekt ist, greift er doch zu kurz. Ein Mensch, der der Bibel wirklich Glauben schenkt, erwartet, dass er dieselben Dinge, von denen die Bibel spricht, auch in seinem eigenen Leben erfahren kann. Das Wort Gottes ist lebendig! Heute. In der Schrift lesen wir, dass der Herr, als er vom Teufel in Versuchung geführt wurde, folgende Schriftstelle zitierte: *„Es steht geschrieben: ‚Nicht von Brot allein soll der*

Mensch leben, sondern von jedem Wort, das durch den Mund Gottes ausgeht'." (Matthäus 4,4; Elberfelder) Bitte beachten Sie: Es heisst hier, dass wir von jedem Wort leben, das durch den Mund Gottes *ausgeht*, nicht *ausging*. Das Wort Gottes, von dem wir leben, ist das, was er in der Gegenwart, in diesem Moment, zu uns spricht.

Alle Menschen, die in ihrem Leben erstaunliche Dinge vollbringen, sind Visionäre – doch Vision allein ist nicht ausreichend. Die grössten Visionäre werden im Himmel nicht automatisch die grössten Helden sein. Wer eine kleinere Vision tatsächlich umgesetzt hat, wird grösser sein als derjenige, der eine überragende Vision hatte, sie aber nicht umsetzen konnte. Die Vision, die uns auf höhere geistliche Ebenen bringt, muss scheitern, wenn wir es versäumen, unsere ganz praktischen Glaubensfundamente beständig auszubauen, um unserem Ziel näher zu kommen.

Wenn wir uns daranmachen, den Berg der Wahrheit Gottes zu besteigen, dann wird uns der Wunsch nach persönlicher Anerkennung nicht allzu weit bringen. Sicher – wer so ehrlich ist, seine wahren Motive offen einzugestehen, der wird zugeben, dass Anerkennung zu Beginn eine treibende Kraft ist. Es stellt sich jedoch sehr schnell heraus, dass der Wunsch nach Bestätigung nicht ausreicht, um uns durch die Kämpfe hindurchzutragen, die auf dem Weg unweigerlich auf uns warten. Als ich in meinen Visionen den Berg hinaufstieg, konnte ich immer höchstens eine oder zwei Stufen über mir sehen, und manchmal konnte ich keine Menschenseele über mir ausmachen. Je höher Sie vordringen, desto weniger Menschen werden davon Notiz nehmen, und auch Sie werden zunehmend weniger Menschen in Ihrem Umfeld erspähen können. Doch wenn wir erst einmal bis hierher vorgedrungen sind, werden die wenigen Blicke, die wir von der Herrlichkeit über uns erhaschen können, mehr als ausreichend sein, um uns zum Weitergehen zu motivieren.

Wenn wir zunehmend mehr von der unfassbaren Herrlichkeit des Herrn erkennen, wird uns der Drang nach menschlicher Anerkennung als etwas durch und durch Profanes erscheinen, weil wir letztlich andere davon ablenken, auf ihn zu schauen. Wer könnte in seiner Gegenwart sich selbst und seine Leistungen in den Vordergrund stellen? Wenn es uns noch darum geht, Ehre und Anerkennung zu erheischen, dann ist dies ein guter Indikator für einen geringen Grad an geistlicher Reife.

Es gibt wohl keine grössere Erfüllung, als am Gerichtstag die folgenden Worte aus dem Mund unseres Königs zu hören: *„Sehr gut, du bist ein tüchtiger und treuer Diener." (Matthäus 25,21; Einheitsübersetzung)* Es gibt nichts, was uns grössere Befriedigung verschafft, als geistlich zu wachsen und zu immer neuen Höhen vorzustossen. Je weiter wir geistlich reifen, desto weniger wird es uns um uns selbst gehen und desto mehr wird Jesus im Mittelpunkt stehen. Am Ende ist es für uns gar nicht mehr so wichtig, dass wir anerkannt werden, sondern dass der König und seine Botschaft in dieser Welt die gebührende Anerkennung bekommen.

Wenn wir erst einmal Seine Herrlichkeit geschaut haben, dann werden wir richtiggehend süchtig danach; wir werden bereit sein, jede Schwierigkeit durchzustehen und jeden Kampf durchzufechten, wenn wir Ihm nur näher kommen können. Beim Anblick Seiner Herrlichkeit werden wir verändert; wir beginnen, die Dinge mit Seinen Augen zu sehen, so zu fühlen, wie Er fühlt, und so zu denken, wie Er denkt. Das Herz Gottes schlägt noch immer für die Verlorenen – jene, die vom Teufel gebunden sind und dessen Willen tun müssen. Je höher wir also zu Seiner Herrlichkeit vorstossen, desto drängender wird der Wunsch in uns, wieder hinabzusteigen, um anderen dabei zu helfen, frei zu werden und ihrerseits den Weg nach oben zu beginnen. So lernen wir, dass es Zeiten gibt, unseren eigenen Weg fortzusetzen und zu grösseren Höhen vorzudringen, und andere Zeiten, in denen wir zurückgehen müssen, um anderen beim Aufstieg zu helfen.

Doch je höher wir selbst gekommen sind, je mehr wir von der Herrlichkeit Gottes gesehen haben und von ihr durchdrungen und verändert wurden, desto besser sind wir imstande, denen zu helfen, die noch in der Dunkelheit sind. Ich glaube, dass Jakob in seinem Traum von der Himmelsleiter genau diesen Aspekt vor

Augen geführt bekam. Die Engel (bzw. Boten) Gottes stiegen hinauf und herab. Jesus sprach ebenfalls von dieser Leiter, als er Nathanael sagte: *„Wahrlich, wahrlich, ich sage euch: Ihr werdet den Himmel offen sehen und die Engel Gottes hinauf- und herabfahren über dem Menschensohn." (Johannes 1,51)* Jesus selbst ist diese Jakobsleiter, auf der wir hinauf- und herabsteigen.

Es mag uns mitunter ein wenig paradox erscheinen; aber wir sind in Christus dazu berufen, sowohl nach oben als auch nach unten zu gehen. Wir sind berufen, zu himmlischen Orten vorzudringen und dort mit Christus zu sitzen und zugleich auf die Erde hinabzusteigen und dabei die Wirklichkeit der himmlischen Welt mit uns zu nehmen. Als Kinder des Königs haben wir den allerhöchsten Adelsstand inne, den es im Universum gibt. Dennoch gehen wir als Diener zu den niedrigsten und verachtetsten Sündern, um auch ihnen zu diesem Stand zu verhelfen.

Durch die Visionen, von denen ich in meinem Buch *Der letzte Aufbruch* berichtete, erfuhr ich auch vom Mantel der Demut. Wann immer ich durch die Begegnung mit der Herrlichkeit Gottes verändert wurde, musste ich diesen Mantel tragen, der die Herrlichkeit verhüllte. Auch das erscheint uns paradox; aber es gibt eine höhere Weisheit, die wir uns zu Eigen machen müssen, wenn wir die Herrlichkeit Gottes erleben. Nur diese Weisheit ermöglicht es uns, Menschen mit Hilfe der Herrlichkeit Gottes zu erleuchten, ohne sie dabei zu blenden. Wenn jemand lange Zeit in der Dunkelheit gelebt hat, dann ist schon ein wenig Licht schmerzhaft und lässt den Betreffenden zurückschrecken. Wir wollen nur so viel Licht verbreiten, um Menschen anzuziehen und ihnen dabei zu helfen, nach und nach die Augen zu öffnen und mehr Licht an sich heranzulassen.

Die Herrlichkeit verändert uns von innen nach aussen. Sie ist in uns verborgen und manifestiert sich in unseren Worten und Taten. Diejenigen, in denen die Herrlichkeit Gottes am wahrhaftigsten lebt, tragen die bescheidensten Kleider. Wer Gottes Herrlichkeit gesehen hat, dem erscheint allein der Gedanke, Aufmerksamkeit auf sich zu ziehen, zutiefst abstossend. Ein solcher Mensch lebt dafür, dass der Name des Herrn verherrlicht wird;

die eigene Person tritt in den Hintergrund. Wer ihn in seiner Herrlichkeit gesehen hat, der weiss, dass selbst die grösste Herrlichkeit, die wir in diesem Leben erlangen können, in seiner Gegenwart verblasst, wie Sterne, wenn die Sonne aufgeht.

In meinen Visionen wurden die Absätze auf dem Berg, welche die Wahrheiten Gottes repräsentierten, immer schmaler und gefährlicher, je höher ich kam. Die höher gelegenen Abschnitte des Berges konnte man nur besteigen, wenn man auf einer absolut sicheren Grundlage stand. Es sollte unser Ziel sein, uns einen immer sichereren Stand zu verschaffen, während wir höher hinaufsteigen. Deshalb müssen wir dafür Sorge tragen, dass die visionäre Perspektive, nach der wir uns ausstrecken, immer in den elementaren Grundlagen des Glaubens verankert ist.

Ich persönlich habe immer wieder Menschen vom Berg herabstürzen sehen, in meinen Visionen ebenso wie im wirklichen Leben. Dabei trifft es unweigerlich diejenigen, die nach oben vorstossen und dabei so arrogant werden, dass sie die Grundlagen vernachlässigen. Selbst die elementarsten Wahrheiten des christlichen Glaubens enthalten mehr Weisheit und Erkenntnis, als wir jemals zu erfassen vermögen. Eine unserer Möglichkeiten, zu grösseren geistlichen Höhen vorzudringen, besteht gerade darin, die grundlegenden Wahrheiten immer tiefer zu erforschen. In meinen Visionen gab es einige Türen, durch die niemand gehen wollte, weil sie scheinbar nach unten führten, aber in Wirklichkeit waren sie Abkürzungen auf dem Weg nach oben.

Wenn wir tiefer nach den Grundlagen des Glaubens „graben“, können wir auf Schätze der Weisheit stossen, und diese Weisheit ist unerschöpflich. Jede einzelne Grundwahrheit ist so reich, dass sie unsere ganze Aufmerksamkeit für viele Jahre in Anspruch nehmen könnte. Deshalb habe ich eine tiefe Wertschätzung für jeden, der auf einer Ebene des Berges für längere Zeit verweilt, um dort nach Reichtümern zu suchen. Letztendlich kommt dies uns allen zugute. Wir sollten uns davor hüten, denen, die scheinbar auf einer niedrigeren Ebene verharren, mit Arroganz zu begegnen. Es ist sehr gut möglich, dass sie viel tiefer gegründet sind als wir und deshalb imstande sind, in kurzer Zeit in viel grössere Höhen vorzudringen, wenn sie erst einmal mit dem Aufstieg beginnen.

Ich weiss, dass es meine Berufung ist, hauptsächlich denen zu helfen, die sich im Aufstieg befinden. Sie sind es, die sich zu Büchern wie diesem hingezogen fühlen. Deshalb ist es mein Gebet, dass dieses Buch Sie dazu anregt, Ihren Aufstieg in Weisheit und Demut anzugehen und sich voller Wertschätzung immer wieder auf die elementaren Grundlagen des Glaubens zu besinnen, ohne die der Aufstieg nicht gelingen kann. Dieses Buch enthält eine Fülle von Wiederholungen und Erinnerungen, wie wir sie auch in der Schrift finden. Wir müssen immer wieder den Ruf hören, weiter nach oben vorzudringen, und die Erinnerung ist dabei unser Fundament. Es scheint nur wenige zu geben, denen beides gelingt, und dennoch sind beide Aspekte notwendig.

Ich freue mich darauf, Sie oben auf dem Gipfel einmal zu treffen. Lassen Sie uns miteinander den festen Entschluss fassen, das Ziel im Auge zu behalten – auch wenn wir einmal abrutschen und fallen und uns auf dem Weg Wunden zuziehen. Lassen Sie uns immer weiter nach oben drängen, bis wir eines Tages als siegreiche Überwinder vor dem Thron Seiner Herrlichkeit angelangt sind.

Kapitel 2

Eine Landkarte zum Reich Gottes

Es gibt eine ganze Reihe von Schriftstellen, die Aufschluss darüber geben, wie wir im Herrn wachsen und zur Reife gelangen. Eine davon ist 2. Petrus 1,2-7:

> *Gnade sei mit euch und Friede in Fülle durch die Erkenntnis Gottes und Jesu, unseres Herrn. Alles, was für unser Leben und unsere Frömmigkeit gut ist, hat seine göttliche Macht uns geschenkt; sie hat uns den erkennen lassen, der uns durch seine Herrlichkeit und Kraft berufen hat. Durch sie wurden uns die kostbaren und überaus grossen Verheissungen geschenkt, damit ihr der verderblichen Begierde, die in der Welt herrscht, entflieht und an der göttlichen Natur Anteil erhaltet. Darum setzt allen Eifer daran, mit eurem Glauben die Tugend zu verbinden, mit der Tugend die Erkenntnis, mit der Erkenntnis die Selbstbeherrschung, mit der Selbstbeherrschung die Ausdauer, mit der Ausdauer die Frömmigkeit, mit der Frömmigkeit die Brüderlichkeit und mit der Brüderlichkeit die Liebe. (Einheitsübersetzung)*

Eine der Ursachen, warum viele Christen immer wieder mit Versagen und Frustration zu kämpfen haben, besteht darin, dass sie eine Offenbarung vom Gipfel des Berges erhalten und dann versuchen, den Berg zu erstürmen, ohne die Kunst des Bergsteigens zu erlernen. Ihr Eifer ist sicherlich bewundernswert, aber der Weg des Glaubens ist eine durch und durch praktische Angelegenheit. Bei unserer Wiedergeburt wird zwar alles neu, danach aber müssen wir den Prozess der Erneuerung unseres Denkens durchlaufen. Wenn wir in diesem Buch die ersten Kapitel des Epheserbriefs studieren, dann geht es uns letztlich darum, eine Richtschnur zu finden, wie wir in diesem Prozess zu sichtbaren Erfolgen kommen können.

In 1. Timotheus 1,5 heisst es: *„Das Endziel der Weisung aber ist Liebe aus reinem Herzen und gutem Gewissen und ungeheucheltem Glauben.“ (Elberfelder)* Unser Ziel sollte es also sein, aus reinem Herzen lieben zu können und in unserem Glauben unbeirrbar und unerschütterlich zu werden. Dies ist gewissermassen der Gipfel des Berges. Doch wie gelangen wir dorthin? Wenn wir die Verse im 2. Petrusbrief näher betrachten, dann können wir daraus schliessen, dass wir folgenden Prozess durchlaufen müssen:

1. *Gnade und Friede sind mit uns durch die Erkenntnis Gottes und Jesu, unseres Herrn.* Zuallererst sollte es uns also darum gehen, den Herrn besser kennen zu lernen, und zwar nicht nur die Dinge, die er getan hat, sondern sein Wesen, die Art und Weise, wie er handelt.
2. *Seine göttliche Kraft hat uns alles geschenkt, was wir brauchen, indem sie uns ihn hat erkennen lassen.* Wir müssen es lernen, aus seiner Kraft heraus zu leben, nicht aus unserer eigenen Kraft. Auch dies geschieht, indem wir ihn immer besser kennen lernen.
3. *In Ihm hat er uns die kostbaren und überaus grossen Verheissungen geschenkt, damit wir Teilhaber der göttlichen Natur werden.* Unsere Gemeinschaft mit Gott wurde wiederhergestellt. Das ist die grösste Verheissung. Wenn wir uns ihm nähern, sehen wir seine Herrlichkeit und werden dadurch in sein Ebenbild verwandelt.

4. *Durch Ihn entfliehen wir der Korruption, die durch die Lust in der Welt herrscht.* Das Gesetz hat uns vor Augen geführt, wie fruchtlos es ist, unsere ganze Aufmerksamkeit allein darauf zu richten, uns von den Fesseln der Begierde dieser Welt zu befreien. Nur indem wir ganz und gar von der Herrlichkeit Gottes fasziniert sind, werden wir von der Lust der Welt freikommen können.
5. *Eben deshalb sollten wir allen Eifer daransetzen, mit unserem Glauben die Tugend zu verbinden:*
   mit der Tugend die Erkenntnis,
   mit der Erkenntnis die Selbstbeherrschung,
   mit der Selbstbeherrschung die Ausdauer,
   mit der Ausdauer die Frömmigkeit,
   mit der Frömmigkeit die Brüderlichkeit
   und mit der Brüderlichkeit die Liebe.

Es ist unschwer zu erkennen, dass diese Eigenschaften logisch aufeinander aufbauen. Es sind zugleich die sieben elementaren Ebenen, aus denen sich der Berg zusammensetzt, den ich in meinen Visionen gezeigt bekam. Jede dieser Ebenen hat eine ganze Reihe von Facetten. So enthält die Ebene der Erkenntnis gleichzeitig tiefe Schichten von Wahrheit, die wir zu Tage fördern können. Auf der Ebene eines gottgefälligen Lebens finden sich zugleich die Gaben des Geistes. Ich habe mir sagen lassen, dass wir Gott nicht ähnlich sein können, ohne seine Kraft in uns zu haben. Ebenso brauchen wir die Kraft Gottes, um seine Zeugen zu sein. Doch das letzte und eigentliche Ziel ist die Liebe.

In 2. Petrus 1:8-11 lesen wir weiter:

> *Wenn dies alles bei euch vorhanden ist und wächst, dann nimmt es euch die Trägheit und Unfruchtbarkeit, so dass ihr Jesus Christus, unseren Herrn, immer tiefer erkennt. Wem dies aber fehlt, der ist blind und kurzsichtig; er hat vergessen, dass er gereinigt worden ist von seinen früheren Sünden. Deshalb,*

meine Brüder, bemüht euch noch mehr darum, dass eure Berufung und Erwählung Bestand hat. Wenn ihr das tut, werdet ihr niemals scheitern. Dann wird euch in reichem Masse gewährt, in das ewige Reich unseres Herrn und Retters Jesus Christus einzutreten." (Einheitsübersetzung)

Unser Ziel ist es, ganz und gar in der Realität des Reiches Gottes zu leben – jeden Tag, an jedem Ort – , indem wir in Ihm, unserem König, bleiben. Wenn wir dies tun, dann werden wir seinem Wesen gleichgestaltet; und er gebraucht uns, um die Werke zu tun, die er durch uns tun will. Wir nehmen jeden Gedanken gefangen und bringen ihn unter die Herrschaft Jesu. Es ist uns ein Bedürfnis, so zu denken, wie er denkt, und die Dinge zu sprechen, die er durch uns sagen will. Wir sehnen uns danach, mit seinen Augen zu sehen und mit seinen Ohren zu hören, damit wir die Menschen so wahrnehmen und verstehen wie er und ihnen in der Weise begegnen können, wie er ihnen durch uns begegnen will. Wir wünschen uns, dass wir in der Liebe Gottes leben und seine Kraft durch uns hindurchströmt, so dass wir zu Zeugen seiner Liebe werden.

Die in 2. Petrus 1 aufgelisteten Merkmale sind von zentraler Bedeutung. Indem sie in uns Gestalt gewinnen, wird es uns „im reichen Masse gewährt", in das Reich Gottes hineinzuwachsen. Aus diesem Grunde wollen wir diese Eigenschaften in den folgenden Kapiteln noch einmal eingehender betrachten.

Kapitel 3

Unsere wahre Bestimmung erkennen

Da wir uns in diesem Buch mit dem Epheserbrief beschäftigen und der Name Ephesus sich in etwa mit „volle Bestimmung“ übersetzen lässt, wollen wir diesen Begriff als fundamentales Leitmotiv im Hinterkopf behalten. Es geht nicht einfach darum, irgendetwas für den Herrn zu tun – unser Ziel muss es vielmehr sein, in die volle Bestimmung hineinzukommen, die uns, wie es heisst, seit Erschaffung der Welt zugedacht ist. Der Epheserbrief ist ein Aufruf an alle, die sich dieses höchste Ziel zu Eigen gemacht haben, das edelste Ansinnen überhaupt, nämlich dem König der Könige zu dienen. Genau dies müssen Sie ganz fest in Ihrem Herzen verankern: Sie sind teuer erkauft, und Sie sind nicht länger Ihr Eigentum. Sie haben die höchste Berufung, die es auf dieser Erde gibt: Sie stehen im Dienste des Allerhöchsten.

Es ist schon bemerkenswert, dass Paulus diese überragende Vision der Gemeinde Jesu ausgerechnet in einem Brief an die Gläubigen in Ephesus darlegt. Ephesus war im ersten Jahrhundert von überragender strategischer Bedeutung, nicht nur für das Römische Reich, sondern auch für die Gemeinde. Es ist kein Zufall, dass diese Stadt auch Zentrum des Dianakultes war, dem satanischen Gegenstück dessen, was die Gemeinde Jesu darstellt. Es ist ein allgemeines Prinzip, dass die Festungen des Feindes über bestimmten geographischen Regionen oder Städten ein Zerrbild der guten Absichten Gottes mit diesem Gebiet sind.

Deshalb ist es auch nicht weiter verwunderlich, dass der Herr in seinen Sendschreiben an die sieben Gemeinden in Kleinasien zuerst diese aussergewöhnliche Gemeinde in Ephesus anspricht. Aus diesem Grunde werden wir uns bei unserer Betrachtung nicht nur auf den Epheserbrief selbst stützen, sondern auch die anderen Bibelstellen heranziehen, in denen Ephesus erwähnt wird, um wirklich ein umfassendes Bild zu gewinnen.

Als Ephesus in Apostelgeschichte 18 zum ersten Mal erwähnt wird, deutet nichts darauf hin, dass dieser Stadt eine besondere geistliche Bestimmung zugedacht ist. Auf einer seiner Missionsreisen machte Paulus hier Station und begann, wie üblich, mit den Juden in der Synagoge zu debattieren. Sie baten ihn, doch noch ein wenig länger zu bleiben; aber Paulus lehnte ab, weil er rechtzeitig zum Fest in Jerusalem sein wollte. Fast möchte man meinen, dass Paulus hier eine geöffnete Tür für die Verkündigung des Evangeliums ausschlägt; aber irgendwie muss er wohl gespürt haben, dass die Zeit noch nicht reif war.

Später kam Paulus erneut in Ephesus vorbei und fand dort einige Jünger, die bis zu diesem Zeitpunkt lediglich mit der Taufe des Johannes vertraut waren. Paulus führte sie in die Taufe mit dem Heiligen Geist ein und betete mit ihnen um die Geistestaufe, welche ihnen auch zuteil wurde. Dieses Ereignis veranlasste Paulus dazu, länger in Ephesus zu bleiben. Am Ende lehrte er zwei Jahre lang in der Schule des Tyrannus; und dies muss zweifelsohne eine der bemerkenswertesten Schulen gewesen sein, die es je gegeben hat. Nicht nur, dass der Herr durch Paulus dort „ungewöhnliche Wunderwerke“ tat, sondern *„... alle, die in Asien wohnten, sowohl Juden als auch Griechen, [hörten] das Wort des Herrn.“ (Apostelgeschichte 19,10; Elberfelder)* Welch ein erstaunliches Seminar!

Nun fragen wir uns, wie so etwas vonstatten gegangen sein soll – ganz Kleinasien hört das Wort des Herrn, weil Paulus zwei Jahre lang an einer Schule unterrichtete. Es gibt jedoch solche strategischen Orte im Geist, die eine Art „geistlichen Verstärker“ haben oder als „geistliches Megaphon“ fungieren. Was immer an diesen Orten geschieht, findet einen Widerhall und wird zum Gesprächsthema. Manche Orte, wie zum Beispiel Jerusalem, haben diese besondere Salbung auf Dauer; andere, wie Antiochia oder Ephesus, scheinen eine solche Bedeutung nur für eine bestimmte Zeit innezuhaben. Wir können in aller Regel gut erkennen, wenn ein bestimmter Ort geistliches Gewicht erhält; denn Satan wird immer versuchen, dies für seine eigenen Zwecke auszunutzen. So tat er es auch in Ephesus, indem er versuchte, den Dianakult über die ganze Welt zu verbreiten.

Es ist ganz natürlich, dass der Feind versucht, den Dingen, die der Herr an einem bestimmten Ort tun will, zuvorzukommen bzw. sie nachzuäffen und zu verfälschen. Der Herr lässt dies zu und nutzt es für seine Zwecke. Der Konflikt zwischen Gut und Böse verstärkt die Unterschiede zwischen Licht und Schatten und lässt das Echte umso deutlicher hervortreten. Wenn es Gottes Absicht wäre, dass unser geistliches Wachstum ohne Auseinandersetzungen vonstatten geht, dann wäre es ihm ein Kleines gewesen, Satan direkt nach der Auferstehung Jesu in Fesseln zu legen und seine eigene Herrschaft über die Welt sofort aufzurichten. Das ganze Zeitalter der Gemeinde ist nur als ein Übungsfeld für uns gedacht, um uns darauf vorzubereiten, unsere Herrschaftsrolle auszuüben. Es war nie Gottes Absicht, dass es eine einfache Zeit für uns wird.

Eine weitere Lektion, die wir aus den Ereignissen in Ephesus ableiten können, ist die Beobachtung, dass eine Gemeinde, die in der Zukunft einmal eine so bedeutsame Rolle spielen soll, einen ganz und gar unscheinbaren Anfang nimmt. Die meisten herausragenden Werke Gottes in der Geschichte haben ähnlich klein begonnen. Selbst Jesus ist in einem Stall zur Welt gekommen, so dass man ihn nur mit Hilfe göttlicher Offenbarung überhaupt finden konnte.

Die wohl bedeutsamste Bewegung innerhalb des Christentums seit dem ersten Jahrhundert ist sicherlich die Pfingstbewegung, zumindest wenn man betrachtet, wie viele Menschen dadurch berührt worden sind. Sie begann mit einer Hand voll bettelarmer Leute, die ausser einer tiefen Sehnsucht nach Gott fast nichts besassen. Sie brauchten Gott mehr als die Luft zum

Atmen; und mit ihrer Leidenschaft entfachten sie einen geistliches Feuer, das bis heute anhält und weltweit Jahr für Jahr Millionen und Abermillionen von Menschen erfasst. Jene, die es gewohnt sind, sich mit gewichtigen Dingen abzugeben, werden von Gott nicht selten zuerst daraufhin geprüft, inwieweit sie bereit sind, im Umgang mit kleinen, scheinbar unwichtigen Dingen treu zu sein.

Die kleine Schar von Gläubigen, denen Paulus in Ephesus über den Weg lief, war in gewisser Weise eine traurige Angelegenheit. Andererseits gab es aber auch Grund, ermutigt zu sein. Traurig war, dass alles, was sie bis dahin kennen gelernt hatten, die Taufe des Johannes war. Johannes war ein Wegbereiter. Er war gekommen, um auf Jesus hinzuweisen; doch diese Gruppe von Leuten hatte keine Ahnung, dass derjenige, dem Johannes den Weg bereitet hatte, inzwischen ebenfalls gekommen und wieder gegangen war. Dieses Phänomen lässt sich in der gesamten Kirchengeschichte immer wieder finden. Viele Gruppen halten aus tiefster Überzeugung an Strömungen fest, die sich in der Zwischenzeit längst überlebt haben, und verpassen den Übergang zur nächsten Bewegung, der sie eigentlich den Weg bereitet haben.

Das Ermutigende an diesen Jüngern war jedoch die Tatsache, dass sie über einen so langen Zeitraum hinweg im Kleinen treu geblieben waren. Zwischen der Zeit, in der Johannes gewirkt hatte, und dem Besuch von Paulus in Ephesus waren nahezu zwanzig Jahre vergangen. Heute ist es schon ein Kunststück, Menschen dazu zu bewegen, gerade mal zwanzig Wochen auf die Erfüllung einer Verheissung Gottes zu warten. Doch weil diese kleine Schar treu gewesen war, obwohl sie so wenig hatte, auf das sie sich stützen konnte, schickte ihnen der Herr einen seiner grössten Apostel, um sie zur Erfüllung dessen zu führen, worauf Johannes sie vorbereitet hatte. Diese zwölf Getreuen wurden gewissermassen zum Grundstein für das überaus Bedeutungsvolle, was Gott in Ephesus geplant hatte.

In den dreissig Jahren, die ich nun schon im christlichen Dienst stehe, habe ich immer wieder beobachtet, wie gerade diejenigen, die scheinbar das grösste Potenzial hatten, in Versagen, Frustration und Bitterkeit endeten, einfach deshalb, weil es ihnen an einem mangelte – an Geduld. Wenn wir uns von unserer Ungeduld treiben lassen, dann werden wir am Ende gerade das verpassen, was der Herr eigentlich für uns geplant hat. Ungeduld ist keine Frucht des Geistes, und der Heilige Geist wird uns nicht leiten können, wenn wir unserer Ungeduld nachgeben. Wenn wir aber die Dinge, die uns anvertraut sind, treu bewahren, dann ist eines so sicher wie der morgige Tag: Der Herr wird uns nicht vergessen.

Folgendes Prinzip sollten wir uns stets vor Augen halten: Je länger sich die Erfüllung Ihrer Verheissungen hinzieht und je schwieriger sie sich gestaltet, desto bedeutsamer sind vermutlich die Dinge, die Gott geplant hat. Je schneller und einfacher Ihre Verheissungen dagegen in Erfüllung gehen, desto geringer dürfte ihre Tragweite sein.

Kapitel 4

Für einen Zweck bestimmt

Wir wollen nun unsere Betrachtungen zu unserer himmlischen Bestimmung in Christus fortsetzen, indem wir in die Aussagen des Epheserbriefs zu diesem Thema eintauchen. In Kapitel 1,1 lesen wir:

> *Paulus, ein Apostel Christi Jesu durch den Willen Gottes, an die Heiligen in Ephesus, die Gläubigen in Christus Jesus.*

Dies ist ein Brief des Apostels an die Heiligen in Ephesus. Auch wenn wir vielleicht nicht in Ephesus leben, sind wir doch in die Grussadresse dieses Briefes eingeschlossen, denn Paulus wendet sich an die *„Gläubigen in Christus Jesus"*. Der Brief richtet sich also an die Gläubigen in Christus Jesus über alle Generationen hinweg. Hier klingt zugleich unsere allererste Bestimmung an: Wir sollen an Jesus Christus glauben und ihm in allen Dingen treu sein.

Im nächsten Vers fährt Paulus fort: *„Gnade sei mit euch und Friede von Gott, unserem Vater, und dem Herrn Jesus Christus!"* Dies ist keine leere Grussformel. Zuallererst spricht Paulus uns die Gnade und den Frieden des Vaters und unseres Herrn Jesus Christus zu. Auf der ganzen Erde gibt es keine Kraft, welche die Gnade Gottes zu überwältigen vermag. Zugleich gibt es keine Kraft, die wir nicht überwinden könnten, wenn wir im Frieden Gottes bleiben. Dies ist der grösste Segen überhaupt, und Paulus würde sich sicherlich davor hüten, diese Worte einfach so dahinzuschreiben. Aus dieser Segensformel können wir gleich zu Anfang entnehmen, was dieser Brief letztendlich in unserem Leben bewirken soll.

Wir müssen uns darüber klar werden, wie wichtig es ist, dass wir die Gnade und den Frieden Gottes wirklich verstanden haben, gerade im Hinblick auf die Berufung, die Gott uns gegeben hat. Die Gnade Gottes ist ein Geschenk Gottes an die Demütigen (siehe Jakobus 4,6); und der Friede Gottes ist die Frucht eines Lebens in der Gerechtigkeit Gottes und im Gehorsam ihm gegenüber (siehe Römer 14,17). Wir werden später noch genauer darauf zu sprechen kommen. Im Augenblick wollen wir einfach festhalten, dass es für unsere Berufung unerlässlich ist, Tag für Tag aus der Gnade und aus dem Frieden Gottes heraus zu leben.

In Vers 3 lässt Paulus eine weitere „Bombe" platzen: *„Gelobt sei Gott, der Vater unseres Herrn Jesus Christus, der uns gesegnet hat mit allem geistlichen Segen im Himmel durch Christus."* Wir sind gesegnet *„mit allem geistlichen Segen"*. Diese Aussage allein könnte uns viele Tage lang beschäftigen. Wir müssen begreifen, worin der geistliche Segen besteht, der uns zuteil geworden ist. Dies ist ein Grundthema, das den gesamten Epheserbrief wie ein roter Faden durchzieht und das auch wir noch genauer untersuchen werden. Im Augenblick lassen Sie uns nur eines festhalten: Es gibt keinen einzigen geistlichen Segen, den Gott uns nicht gegeben hat. Selbst der geringste geistliche Segen ist weitaus grösser als die grössten natürlichen Schätze und irdischen Segnungen, die wir auf der Erde vorfinden. Das Erbe eines jeden Christen übersteigt jedes irdische Begriffsvermögen. Einer der Gründe, warum wir den Epheserbrief in der Tiefe ergründen wollen, besteht gerade darin, dass wir für uns entdecken müssen, was uns in Jesus alles geschenkt ist und worin wir schon jetzt leben können!

Wie Paulus ganz klar ausdrückt, ist dieser geistliche Segen „im Himmel durch Christus" angesiedelt. Durch unsere Wiedergeburt sind wir eine neue Schöpfung oder – wortwörtlich ausgedrückt – eine neue Art von Mensch. Wir leben im Zwischenraum zwischen den Realitäten der himmlischen und der irdischen

Welt. Eigentlich sollten wir in der Himmelswelt mehr zu Hause sein als in der irdischen. So heisst es in 2. Korinther 5,5-7:

> *Der uns aber dazu bereitet hat, das ist Gott, der uns als Unterpfand den Geist gegeben hat. So sind wir denn allezeit getrost und wissen: solange wir im Leibe wohnen, weilen wir fern von dem Herrn; denn wir wandeln im Glauben und nicht im Schauen.*

Auch dieser Zusammenhang muss uns von Anfang an klar sein. Manchmal begegnet man Menschen, die quasi schon mit einem Bein im Himmel leben und auf dieser Welt nicht mehr zu vielem zu gebrauchen sind. So bedauerlich solche Auswüchse auch sind, sie sind immer noch besser als das andere Extrem, das sicherlich viel weiter verbreitet ist: Menschen, die so sehr in dieser Welt verwurzelt sind, dass es ihnen buchstäblich unmöglich ist, im Geist zu wandeln. Wir haben eine himmlische Berufung empfangen, und die Menschen, die ihr Leben wirklich vom Himmel her leben, sind in aller Regel auch diejenigen, die hier auf der Erde am meisten Gutes vollbringen.

Es liegt in der Natur unseres Lebens als Christ, dass wir in der geistlichen Welt mehr zu Hause sein sollten als in der irdischen. Tatsache ist jedoch, dass es vermutlich nur sehr wenige Christen gibt, die überhaupt einen Zugang zur geistlichen Welt haben. Viele Christen fürchten sich sogar vor geistlichen Einflüssen und vor Menschen, die eine starke geistliche Dynamik haben. Eine grosse Anzahl biblischer Prophetien deuten jedoch darauf hin, dass sich dieser Zustand grundlegend ändern wird, bevor dieses Zeitalter zu Ende geht. Wir täten somit gut daran, uns näher mit dem Wesen unserer geistlichen Berufung und den geistlichen Segnungen vertraut zu machen, die uns gegeben wurden. So gross eine Sache auf der Erde auch sein mag, sie reicht nicht einmal an die geringsten Dinge des Himmels heran. Nur wer töricht und geistlich vollkommen blind ist, macht sich allzu viele Gedanken um sein irdisches Erbe. Auch dieses Thema klingt im Epheserbrief immer wieder an, und wir werden darauf noch genauer zu sprechen kommen. Zunächst einmal wollen wir jedoch zu Vers 4 weitergehen:

> *Denn in ihm hat er uns erwählt, ehe der Welt Grund gelegt war, dass wir heilig und untadelig vor ihm sein sollten; in seiner Liebe ...*

Schon *„ehe der Welt Grund gelegt war"* kannte er uns und hat uns erwählt. So unbegreiflich dies für unseren begrenzten Verstand ist – Gott wusste schon genau, worauf alles hinauslaufen würde, noch bevor überhaupt irgendetwas existierte. Er kannte jeden von uns, lange bevor wir entstanden sind. Er kannte uns und hat uns erwählt, vor ihm ein Leben in Klarheit, Heiligkeit und Liebe zu führen.

Wenn wir unsere Bestimmung in ihm erfüllen wollen, dann müssen wir heute den Entschluss fassen, heilig und gerecht vor ihm zu leben, und uns bewusst machen, dass alles, was wir tun, in seiner Gegenwart geschieht. Wir werden uns auch ganz fest vornehmen, uns von Sünde freizuhalten, ohne Tadel zu leben und nichts zu tun, das dem Namen unseres Herrn Unehre macht oder unseren Mitmenschen schadet. Ein solcher Lebensstil ist möglich, indem wir als Liebende leben. Auch dieser Aspekt wird im Laufe des Briefes noch wiederholt aufgegriffen, und wir werden an entsprechender Stelle auf das Thema zurückkommen. Lassen Sie uns nun Vers 5 betrachten, wiederum eine erstaunliche Offenbarung unserer Bestimmung in Jesus:

> *... hat er uns dazu vorherbestimmt, seine Kinder zu sein, durch Jesus Christus nach dem Wohlgefallen seines Willens.*

Gott hat uns nicht nur vor der Grundlegung der Welt gekannt, er hat uns auch dazu vorherbestimmt, von ihm als Kinder angenommen zu werden, als seine Söhne und Töchter! Die Christen sind das eigentliche Königshaus der Erde. In den Augen der himmlischen Heerscharen gelten Sie viel mehr als irgendein irdischer König oder Präsident. So hat er es gewollt, und so gefällt es ihm. Nichts und niemand wird jemals imstande sein, seine Absichten zu durchkreuzen; und deshalb ist unser himmlisches Erbe weitaus sicherer, als irgendeine irdische Position es jemals sein könnte.

Natürlich hat niemand von uns dieses Erbe verdient. Die Tatsache, dass Gott uns dennoch erwählt hat, wird für alle Ewigkeit eines der grossartigsten Zeugnisse seiner Gnade und Liebe sein. Als wir noch Sünder waren, hat er uns teuer erkauft. Er hat das kostbarste Gut im ganzen Universum für uns gegeben – das Blut seines Sohnes. Der Wert eines Objektes wird dadurch bestimmt, was andere dafür zu zahlen bereit sind. Gott selbst hat *Ihnen* einen Wert gegeben, an den nichts sonst in der gesamten Schöpfung heranreicht, indem er seinen Sohn für Sie geopfert hat. Wenn dies der Wert ist, den Gott uns gegeben hat, wie viel mehr sollten wir unser eigenes Leben wertschätzen, ebenso wie das Leben eines jeden Menschen. Unser Leben ist unendlich kostbar, und wir sollten nicht einen einzigen Tag leichtfertig vergeuden.

Sie sind auserwählt, und auf Ihrem Leben liegt eine Bestimmung. Ihre Bestimmung ist so kostbar, dass alle Schätze der Welt sie nicht aufzuwiegen vermögen. Deshalb: Investieren Sie in Ihre himmlische Berufung! Nichts auf der Erde könnte jemals einen grösseren Gewinn einbringen. Es ist ein ganz einfaches geistliches Prinzip: *„... wo dein Schatz ist, da ist auch dein Herz." (Matthäus 6,21)* Je mehr wir in unsere himmlische Berufung investieren, desto mehr werden wir dort zu Hause sein und desto stärker wird seine himmlische Herrlichkeit und Kraft in unserem Leben sichtbar werden.

Kapitel 5

Ein herrliches Erbe

Wir setzen unsere Betrachtungen zum Epheserbrief in Kapitel 1, Verse 6-7 fort:

> *... zum Lob seiner herrlichen Gnade, mit der er uns begnadet hat in dem Geliebten. In ihm haben wir die Erlösung durch sein Blut, die Vergebung der Sünden, nach dem Reichtum seiner Gnade...*

Dies ist die elementarste Wahrheit des Glaubens, und doch ist sie für uns nur überaus schwer zu begreifen – *wir sind in Jesus bei Gott angenommen!* Die Frucht des Baumes der Erkenntnis von Gut und Böse bewirkt, dass wir der Ansicht sind, irgendetwas tun zu müssen, um uns diesen Status bei Gott zu verdienen. Das Leben ist ein endloser Kampf, den Anforderungen anderer zu genügen, und ein beständiges Messen und Abwägen unserer Leistung, für die wir am Ende entweder belohnt oder bestraft werden. Der Umstand, dass wir auf einmal die höchste Auszeichnung überhaupt bekommen – nämlich in die Familie des Königs aufgenommen zu werden –, und zwar einzig und allein, indem wir an Jesus glauben und für uns annehmen, was *er am Kreuz vollbracht hat*, stellt unserer gesamtes Lebensparadigma in Frage.

Man stelle sich vor: Schon allein die Tatsache, dass wir beginnen, diese wunderbare Wahrheit zu erfassen, führt zu einer so tiefgreifenden Verwandlung, dass die Bibel von einer Wiedergeburt spricht. Man kann hier wohl mit Fug und Recht vom *„Reich-*

tum seiner Gnade" sprechen. Selbst wenn wir unser ganzes Leben damit zubringen, diese eine Grundwahrheit unseres Glaubens zu durchdringen, könnten wir die Liebe, die Gott uns am Kreuz erwiesen hat, nicht im Entferntesten ermessen.

Wenn wir jedoch nicht wirklich begreifen, dass wir bei Gott durch das Kreuz Jesu ganz und gar angenommen sind, nähren wir uns weiterhin vom Baum der Erkenntnis und seiner giftigen Frucht anstatt vom Baum des Lebens.

Indem Paulus diese wunderbare elementare Wahrheit hier noch einmal anklingen lässt – ja, wir sind durch das Blut Jesu erlöst, wir haben durch ihn die Vergebung der Sünden und wir empfangen alles *„nach dem Reichtum seiner Gnade"* –, stärkt er in uns die Grundlagen unseres Glaubens. Erst im Anschluss an diese Einleitung kann Paulus überhaupt damit beginnen, uns die herrliche Berufung aufzuzeigen, die wir als Christen haben, ohne dabei unsere Eitelkeit zu nähren. Er lenkt unsere Aufmerksamkeit gleich zu Beginn auf die Gnade und Herrlichkeit unseres Gottes. Wir können unser Erbe nicht antreten, wenn wir auf uns selbst und unsere eigenen Errungenschaften fixiert sind. Wir wachsen in unsere Bestimmung hinein, indem wir unsere Aufmerksamkeit auf den richten, der uns berufen und durch seine Gnade mit allem ausgestattet hat, was wir brauchen. In den Versen 8-10 wird dieser Gedanke noch weiter ausgeführt:

> *... die er uns reichlich hat widerfahren lassen in aller Weisheit und Klugheit. Denn Gott hat uns wissen lassen das Geheimnis seines Willens nach seinem Ratschluss, den er zuvor in Christus gefasst hatte, um ihn auszuführen, wenn die Zeit erfüllt wäre, dass alles zusammengefasst würde in Christus, was im Himmel und auf Erden ist.*

Es kann gar nicht oft genug gesagt werden: Wenn wir unsere Aufmerksamkeit nicht voll und ganz auf die Bestimmung Gottes für unser Leben richten, dann werden wir konstant durch unwichtigere Dinge abgelenkt. All die vielen kleinen Zuflüsse, die in den Strom des Lebens einmünden, können uns allzu leicht vom Strom des Lebens selbst weglocken. Gottes eigentliches Ziel mit uns ist es, uns in das Ebenbild seines Sohnes zu verwandeln. Jede Prüfung, die wir im Leben erdulden, dient einzig und allein diesem Zweck. Wenn wir uns diesen Tatbestand vor Augen halten, dann werden wir nicht so einfach auf die unwichtigen Dinge hereinfallen, die unsere Aufmerksamkeit vom Baum des Lebens – nämlich Jesus selbst – ablenken wollen.

Dies sollten wir immer im Hinterkopf behalten, wenn wir unsere Zeit einteilen und unsere Prioritäten festlegen. Das apostolische Mandat, das Gott uns gegeben hat, besteht nicht darin, Glaubenswerke zu gründen – ja, noch nicht einmal Gemeinden ins Leben zu rufen. Unser Auftrag ist es, Geburtswehen zu erleiden, bis Christus in seinem Volk Gestalt gewinnt (siehe Galater 4,19). Wenn wir es zulassen, dass wir diese grundlegende Leidenschaft aus den Augen verlieren, dann haben wir uns vom Weg des Lebens ablenken lassen. Genau das meint Paulus, wenn er in 2. Korinther 11,3 schreibt: *„Ich fürchte aber, dass, wie die Schlange Eva verführte mit ihrer List, so auch eure Gedanken abgewendet werden von der Einfalt und Lauterkeit gegenüber Christus."*

Nachdem Paulus ganz unmissverständlich die Quelle der Gnade und den Ursprung unserer Berufung aufgezeigt hat, beginnt er – ohne dabei die Grundlagen aus den Augen zu verlieren –, das Wesen jener unglaublichen Berufung zu beleuchten, die auf unserem Leben liegt. Wir lesen die Verse 11-14 des ersten Kapitels:

> *In ihm sind wir auch zu Erben eingesetzt worden, die wir dazu vorherbestimmt sind nach dem Vorsatz dessen, der alles wirkt nach dem Ratschluss seines Willens; damit wir etwas seien zum Lob seiner Herrlichkeit, die wir zuvor auf Christus gehofft haben. In ihm seid auch ihr, die ihr das Wort der Wahrheit gehört habt, nämlich das Evangelium von eurer Seligkeit – in ihm seid auch ihr, als ihr gläubig wurdet,*

versiegelt worden mit dem Heiligen Geist, der verheissen ist, welcher ist das Unterpfand unseres Erbes, zu unserer Erlösung, dass wir sein Eigentum würden zum Lob seiner Herrlichkeit.

Wir haben ein Erbe erhalten, und zwar kein geringeres als das Erbe Christi! Als seine Braut sind wir dazu bestimmt, mit ihm zusammen Erben zu sein! Zunächst ist dies ganz und gar unfassbar für uns, viel zu wunderbar, vor allem dann, wenn man sich vor Augen hält, wie sehr wir in Sünde und Rebellion gegen Gott verstrickt waren. Bis in alle Ewigkeit werden wir nicht begreifen, warum Christus uns so unendlich liebt, dass er uns, die wir Tod und ewige Verdammnis verdient hätten, nicht nur ewiges Leben gibt, sondern sogar sein Erbe mit uns teilt.

Kein Wunder, dass er im Himmel für alle Zeit das Lamm Gottes genannt wird. Es gibt keine grössere Offenbarung der Reichtümer seiner Gnade, seiner Liebe und seiner Vergebung als das, was er uns durch sein Opfer erwiesen hat. Selbst wenn wir zu den höchsten Ebenen geistlicher Reife vordringen und die grösste Berufung empfangen, wird es doch immer angemessen bleiben, unsere Knie vor ihm zu beugen, angesichts dessen, was er am Kreuz getan hat. Wer meint, er habe es nicht mehr nötig, immer wieder staunend vor dem Kreuz zu stehen, der ist nicht geistlich gereift, sondern hat sich in einer ganz grundlegenden Weise vom Weg des Lebens entfernt. In der Schrift lesen wir, dass der ganze Himmel ihn in alle Ewigkeit bestaunt und ihn „Lamm Gottes“ nennt.

Als Zeichen dafür, dass wir wirklich als Miterben Anteil an seinem Erbe haben, hat er uns den Heiligen Geist gegeben, der in uns lebt. Nichts, was die Welt uns zu bieten hat, könnte auch nur einen Moment seiner Gegenwart in uns aufwiegen! Doch Gott hat uns den Heiligen Geist gegeben, um dauerhaft in uns zu bleiben. Wie wunderbar ist unser Gott! Wie unfassbar sind seine Wege! Kein Mensch hätte sich in seinen kühnsten Träumen jemals eine Geschichte ausdenken können, die so wunderbar ist wie die Wahrheit des Evangeliums von Jesus Christus. Wie sollten wir angesichts dessen nicht beständig von Staunen und Verwunderung erfüllt sein? Wie könnte irgendjemand, der diese unfassbare Wahrheit erkannt hat, es versäumen, anderen unermüdlich davon zu erzählen? Wir lieben, weil er uns zuerst geliebt hat, und wir geben die gute Nachricht von seiner Liebe anderen weiter, weil es die herrlichste Botschaft ist, die es jemals geben wird.

Dies ist der unvergleichliche Schatz, der uns anvertraut wurde; es ist das grossartigste Erbe, das es in der ganzen Schöpfung jemals gegeben hat: Unser Erbe ist der Herr selbst. Wir sind dazu berufen, seine Hausgenossen zu werden, Mitglieder seiner ewigen Familie. Das ewige Leben ist so unendlich wunderbar, dass es unser Fassungsvermögen bei weitem übersteigt. Die ganze Macht und die Herrlichkeit und die Wunder des Himmels sind weitaus grösser als alles, was wir mit unserem menschlichen Verstand begreifen können – keines jedoch ist so wunderbar wie die Tatsache, dass wir Teil seiner ewigen Familie sein werden.

Kapitel 6

Unfassbare Liebe

In unserer Bibelarbeit zum Epheserbrief und zum Sinn und Auftrag der Gemeinde sind wir nun im ersten Kapitel, in den Versen 15-17 angelangt:

> *Darum auch ich, nachdem ich gehört habe von dem Glauben bei euch an den Herrn Jesus und von eurer Liebe zu allen Heiligen, höre ich nicht auf, zu danken für euch, und gedenke eurer in meinem Gebet, dass der Gott unseres Herrn Jesus Christus, der Vater der Herrlichkeit, euch gebe den Geist der Weisheit und der Offenbarung, ihn zu erkennen.*

Glaube und Liebe sind die beiden zentralen Eckpfeiler des Christseins. In der Gemeinde in Ephesus waren sie so weit entwickelt, dass man weit über Ephesus hinaus davon sprach. Ob man dies wohl auch von unseren Gemeinden sagen könnte? Könnte man es von Ihnen behaupten? Tun wir überhaupt irgendetwas, über das es sich zu sprechen lohnt? Und wenn ja, ob der Gesprächsstoff wohl unser Glaube und unsere Liebe wäre?

Ich hatte einmal eine Begegnung mit dem Herrn, bei der er mir nur eines sagte: „Du bist überall auf der Welt für viele Dinge bekannt. Die Liebe gehört nicht dazu." Ich brauche wohl nicht näher zu erläutern, dass mir diese Aussage unter die Haut ging. Von Peter Lord stammt der Ausspruch: „Die Hauptsache ist, dass die Hauptsache die Hauptsache bleibt." In 1. Timotheus 1,5 heisst es: *„Die Hauptsumme aller Unterweisung aber ist Lie-*

be aus reinem Herzen und aus gutem Gewissen und aus ungefärbtem Glauben.“ Wenn man die Jünger Jesu an ihrer Liebe erkennen soll, dann musste ich mir vorwerfen lassen, am eigentlichen Ziel vorbei gelebt zu haben.

Wie anders würde die Kirche bald aussehen, wenn der gesamte Leib Jesu es sich zu seinem Hauptanliegen machen würde, im Glauben und in der Liebe zu wachsen! Wie wäre es wohl, wenn wir vor allem für Taten des Glaubens und der Liebe bekannt wären? Vermutlich würden wir uns nicht mehr allzu grosse Gedanken darum machen müssen, wie viele Leute zu uns in den Gottesdienst kommen, weil der Andrang so gross wäre, dass wir uns kaum noch retten könnten.

Die Dinge, die man sich vom Glauben und der Liebe der Epheser erzählte, veranlassten Paulus dazu, Gott ohne Unterlass zu danken. Dies ist sicherlich die grösste Freude, die wir als Christen unseren geistlichen Eltern machen können.

Die Tatsache, dass die Epheser in diesen zentralen Bereichen ein solches Wachstum erlebten, ermutigte Paulus dazu, noch zusätzlich dafür zu beten, dass Gott ihnen den Geist der Weisheit und der Offenbarung geben möge. Wenn Weisheit und Offenbarung des Herrn in einer Gemeinde zu fliessen beginnen, dann ist das ein sicheres Indiz dafür, dass Gott mit dieser Gemeinde etwas Besonderes vorhat. Und so wurde auch die Gemeinde in Ephesus zu einer der wirklich aussergewöhnlichen Gemeinden des ersten Jahrhunderts. Was in den Analen des Himmels über unsere wahre Grösse steht, wird jedoch immer direkt von unserem Glauben und unserer Liebe abhängen. Sie sind das Fundament, auf dem Weisheit und echte Offenbarung ruhen müssen.

Es ist sicher ein gutes Ziel, wenn wir uns wünschen, dass unsere Gemeinde so herausragend wird, dass man überall von uns spricht. Doch lassen Sie uns sicherstellen, dass wir auch aus den richtigen Gründen bekannt werden. Gehen Sie dabei selbst mit gutem Beispiel voran. Warum sollten wir uns nicht vornehmen, als Gemeinde um unseres Glaubens und unserer Liebe willen bekannt zu werden? Wenn nur eine einzige Person anfängt, in diesen Gebieten zu wachsen, dann wird sie andere damit anstecken.

In welchen Bereichen Ihres Lebens fordert der Herr Sie heraus, im Glauben zu wachsen? Nehmen Sie sich hier fest vor, zu glauben und nicht zu zweifeln. Welches sind die Menschen in Ihrem Leben, bei denen es Ihnen besonders schwer fällt, Liebe zu üben? Gott hat Ihnen diese Personen nicht umsonst über den Weg geschickt. Machen Sie sich die Schwierigkeiten in Ihrem Leben zunutze; es sind Gelegenheiten, um zu wachsen. Sie sind weit mehr wert als irdische Reichtümer. Investieren Sie dort, wo es den reichsten Ertrag für die Ewigkeit erbringt.

Kapitel 7

Erleuchtete Augen

In diesem Kapitel werden wir Epheser 1,18 näher betrachten. Dort heisst es:

> *Er erleuchte die Augen eures Herzens, damit ihr wisst, was die Hoffnung seiner Berufung, (und) was der Reichtum der Herrlichkeit seines Erbes in den Heiligen ... ist. (Elberfelder)*

Haben Sie jemals darüber nachgedacht, dass Sie Augen des Herzens haben? Sind die Augen Ihres Herzens geöffnet? Wenn wir wirklich im Glauben wandeln, so wie es eigentlich unserer Berufung entspricht, dann sind die Dinge, die wir mit den Augen des Herzens wahrnehmen, für uns realer als das, was wir mit unseren natürlichen Augen sehen. Diese Augen des Herzens sind unsere geistlichen Augen. Sie ermöglichen es uns, viel weiter und klarer zu sehen, als wir es mit unseren natürlichen Augen jemals könnten.

Paulus betete, dass die geistlichen Augen der Christen in Ephesus geöffnet würden, damit sie erkennen, was die Hoffnung *seiner* Berufung ist, nicht einfach ihrer Berufung, und was der Reichtum der Herrlichkeit *seines* Erbes in den Heiligen ist, nicht nur einfach die Herrlichkeit ihres Erbes.

Vor vielen Jahren sprach Gott zu mir und sagte, dass viele Christen einer Täuschung erlegen sind. Die Täuschung besteht darin, dass diese Gläubigen überbetonen, wer wir „in Christus" sind, und dabei völlig aus den Augen verlieren, wer „er in uns" ist. Das Schlüsselwort hierbei ist „Überbetonung". Wir müssen natürlich verstehen, wer wir in Christus sein sollen; aber echter Glaube ruht nicht auf dem Wissen, wer wir sind, sondern vielmehr auf der Erkenntnis, wer er ist. Jede wirklich geistliche Perspektive beginnt damit, dass wir erkennen, wer er ist, und wo er jetzt ist. Wir werden niemals in das Bild seiner Herrlichkeit verwandelt, indem wir uns selbst sehen, sondern nur, indem wir ihn sehen.

Ganz ohne Frage – wir haben eine hohe Berufung in Jesus. Als Paulus gegen Ende seines Lebens den Philipperbrief verfasste, da schrieb er, dass er nicht der Auffassung sei, es wirklich schon erfasst zu haben. Dabei bezog er sich natürlich nicht auf seine Errettung, denn gerettet war er von dem Tage an, da er an Jesus glaubte. Was er an dieser Stelle meinte, war die *hohe Berufung*. Die Schrift sagt ganz klar, dass es bestimmte Belohnungen und ein bestimmtes Mass von Autorität gibt, das uns erst im Himmel zuteil wird. Was dies für jeden Einzelnen von uns beinhalten wird, ist abhängig von unserem Glauben und unserem Gehorsam während unseres Lebens hier auf der Erde. Manchen wird eine Stadt anvertraut, manchen fünf Städte, manchen zehn usw. Dann gibt es diejenigen, die dazu bestimmt sind, zu seiner Rechten und zu seiner Linken zu sitzen.

In Offenbarung 7 lesen wir von der grossen Menge, die vor dem Thron Gottes steht, und doch erhalten die Überwinder in der Gemeinde von Laodizea die Zusage, mit ihm *auf* dem Thron zu sitzen. Ich habe mit vielen christlichen Leitern gesprochen, die allesamt der Meinung sind, dass der Mangel an Ewigkeitsperspektive eine der grössten Schwächen der heutigen Gemeinde in der westlichen Welt darstellt. Was wir hier in diesem Leben tun, hat Auswirkungen in der Ewigkeit! Unsere hohe Berufung erreichen wir jedoch nicht, indem wir primär auf unsere eigene Belohnung bedacht sind, sondern indem wir es uns zum Anliegen machen, dass der Herr sein Erbe als Belohnung erlangt.

Wenn selbst Paulus es in diesem Leben nicht vermochte, seine Berufung zu ermessen, dann glaube ich nicht, dass irgendeiner von uns jemals dazu in der Lage sein wird. Wenn selbst Paulus meinte, er habe es noch nicht erfasst, was heisst das dann erst für uns! Was uns zu tun bleibt, ist dasselbe, was auch Paulus zu tun blieb – sich nach dem Ziel auszustrecken und ihm nachzujagen! Die Schrift lässt keinen Zweifel daran, dass es ganz entscheidend darauf ankommt, bis zum Ende durchzuhalten. Läufer in einem Leichtathletik-Wettkampf lernen es, über die Ziellinie hinaus auf ein imaginäres Ziel zuzulaufen, um nicht kurz vor der Ziellinie an Tempo zu verlieren. Wenn wir nicht bis zum Ziel durchhalten, dann kommen wir zu Fall. Wie viele grosse Männer und Frauen Gottes sind zum Ende ihres Lebens hin ins Straucheln geraten.

Das Fernziel, auf das wir unseren Blick richten müssen, bis wir durch die Ziellinie preschen, ist nichts anderes, als Jesus ähnlich zu werden. Wir sind dazu berufen, wie er zu sein, und die Werke zu tun, die er tat. Welcher Mensch auf dieser Erde hat dieses Ziel jemals erreicht? Diejenigen, denen ich begegnet bin und die von sich behaupteten, „Söhne Gottes" zu sein, kamen mir reichlich töricht vor, wie kleine Jungs, die sich ein „Superman"-Kostüm anziehen und davon überzeugt sind, nun tatsächlich „Superman" zu sein. Allein die Offenbarung der hohen Berufung, die wir als Christen haben, heisst noch lange nicht, dass wir schon am Ziel sind. Die Bibel betont immer wieder, dass jeder Christ diese Offenbarung klar vor Augen haben sollte. Und dennoch sind bei vielen „die Augen des Herzens" noch verschlossen, so dass ihnen diese Realität verborgen ist.

Als ich vor vielen Jahren den Herrn danach fragte, wie wir denn überhaupt auf dieser Erde wissen können, ob wir das Ziel unserer hohen Berufung erreicht haben, da sagte er mir ganz klar, dass wir in unserem irdischen Leben keine Möglichkeit haben, dies herauszufinden. Er teilte mir jedoch mit, dass wir, um dieses Ziel zu erreichen, so sehr von dem Wunsch durchdrungen sein müssen, Jesus verherrlicht zu sehen, dass es uns überhaupt nicht mehr interessiert, wie es um unseren geistlichen Entwicklungsstand bestellt ist. Genau aus diesem Grunde müssen die Augen unseres Herzens geöffnet werden, damit wir einen Blick für seine Herrlichkeit und sein Erbteil bekommen.

Wir treten unser eigenes Erbe an, indem wir uns überhaupt nicht weiter darum kümmern, sondern uns voll und ganz dafür hingeben, dass unser Herr den Lohn für sein Opfer empfängt. Er hat seine Herrlichkeit verlassen, um zu uns auf die Erde zu kommen, das ärmliche Leben eines Menschen zu führen und sich dann von denen, zu deren Erlösung er gekommen war, brutal hinrichten zu lassen. Wenn wir uns vor Augen halten, was er für uns getan hat, dann wird uns bewusst, dass wir nichts tun können, das dem auch nur im Entferntesten gleich kommt.

Wir müssen uns darüber im Klaren sein, dass eine hohe Berufung auf uns liegt. Diejenigen jedoch, die darauf fixiert sind, haben das eigentliche Ziel aus den Augen verloren und ihr geistliches Augenlicht eingebüsst; am Ende kommen sie zu Fall und riskieren sogar ihre Berufung selbst. Das Ziel können wir nur erreichen, indem wir den Blick auf ihn richten, nicht auf uns selbst. Lassen Sie uns mit Paulus zusammen beten, dass die Augen unseres Herzens geöffnet werden, damit wir ihn sehen, seine Bestimmung und sein Erbe. Nur dann werden wir einen klaren Blick haben, um auch alles andere ungetrübt wahrnehmen zu können.

Kapitel 8

Saatbeete der Kraft

In Epheser 1,18 schrieb Paulus: *„Er erleuchte die Augen eures Herzens, damit ihr wisst, was die Hoffnung seiner Berufung, was der Reichtum der Herrlichkeit seines Erbes in den Heiligen (ist).“* Und dann fährt er in Vers 19 fort:

> *... und was die überragende Grösse seiner Kraft an uns, den Glaubenden, ist, nach der Wirksamkeit der Macht seiner Stärke. (Elberfelder)*

Auch hier haben wir es mit einem jener Verse zu tun, die eine viel tiefergehende Betrachtung verdienen, als wir sie in diesem Rahmen vornehmen können. Ich habe ein ganzes Buch mit dem Titel *The Surpassing Greatness of His Power(Die überschwängliche Grösse Seiner Kraft*) geschrieben. Dieses Thema ist in der Tat ein Schlüssel zu unserer Bestimmung. Wie sollen wir Zeugen und Repräsentanten des Allmächtigen sein, wenn wir seine Kraft nicht haben?

Paulus schreibt in diesen Versen, dass die Kraft, die uns gegeben ist, keine andere ist als die wirksame Macht seiner Stärke! Gott, der Schöpfer aller Dinge, hat *„die überragende Grösse seiner Kraft“* an uns übertragen, die wir an ihn glauben! Sollte das wirklich möglich sein? Der Herr selbst sagte in Matthäus 17,20:

> *Denn wahrlich, ich sage euch: Wenn ihr Glauben habt wie ein Senfkorn, so könnt ihr sagen zu diesem Berge: Heb dich dorthin!, so wird er sich heben; und euch wird nichts unmöglich sein.*

Ein Senfkorn ist nicht gerade gross. Im Gegenteil: Es ist winzig. Man sollte meinen, dass jeder Christ zumindest eine so minimale Menge Glauben in sich trägt. Das heisst also mit anderen Worten, dass jeder Christ in sich genug Glauben hat, um die aussergewöhnlichsten Dinge zu tun. Warum aber sehen wir so wenig davon?

In gewisser Hinsicht können wir sehr wohl etwas davon sehen. Christen haben in der Geschichte immer wieder die erstaunlichsten Dinge getan. Sie haben wirklich wahre Berge versetzt, und viele Berge werden in der Zukunft noch bewegt werden. Einer davon war die Sklaverei, ein anderer war der Feudalismus – die Liste liesse sich beliebig fortsetzen. Dennoch sprach der Herr hier von einer Art von Glauben, die buchstäblich richtige Berge versetzt. So etwas haben wir bislang noch nicht gesehen. Aber diese Zeit wird kommen. Damit dies auch wirklich geschehen kann, brauchen wir jedoch einen Glauben, der wie ein Saatkorn ist. Ein Saatkorn muss kultiviert, genährt und gehütet werden, bis es reif ist und Frucht trägt.

Wenn jeder Christ von Anfang an die geistliche Vollmacht bekäme, Berge zu versetzen, dann würde die Welt sicherlich im Chaos versinken. Der Herr hat die Gesetze des Glaubens so festgelegt, dass wir auch Reife, Weisheit und vor allem Gehorsam unserem König gegenüber brauchen. Echter Glaube gründet sich nicht auf unsere Fähigkeit zu glauben – er gründet sich auf Jesus. Weil der Glaube sich auf ihn gründet, setzt er voraus, dass wir ihn anschauen. Indem wir den König anschauen und erkennen, wer er ist, wird unser Glaube wachsen; und wir werden ihm in seiner Macht und Herrlichkeit unseren Willen unterordnen.

Echter Glaube ist Gehorsam. Deshalb schrieb Paulus in Römer 1,5: *„Durch ihn haben wir empfangen Gnade und Apostelamt, in seinem Namen den Gehorsam des Glaubens aufzurichten unter allen Heiden."* Selbst Jesus tat nichts, das er nicht den Vater tun sah. Wie viel mehr sollten wir uns dann seiner Leitung unterordnen und nichts tun, das er uns nicht zu tun aufträgt? Nun stellen wir uns vielleicht die Frage, ob es wohl irgendjemandem gelingt, so zu leben. Die Antwort ist: ja. Wir wurden sogar genau dafür geschaffen, und alles andere läuft unserer eigentlichen Natur zuwider.

Der Mensch wurde dazu erschaffen, in enger Gemeinschaft mit Gott zu leben und Tag für Tag im Austausch mit ihm zu stehen, so wie Adam vor dem Sündenfall. Deshalb gibt es in unserer Seele jene Leere, die nur gefüllt werden kann, wenn wir jeden Tag unsere Begegnung mit dem Herrn haben. Ein Mensch, der zu Christus gehört und somit eine neue Schöpfung darstellt, ist sogar noch zu etwas Grösserem berufen – wir wurden dazu erschaffen, tatsächlich eine Wohnstätte Gottes zu sein. Er lebt in uns! Der Schöpfer des Universums lebt in einem jeden von uns. Paulus schrieb in 1. Korinther 3,16: *„Wisst ihr nicht, dass ihr Gottes Tempel seid und der Geist Gottes in euch wohnt?“* Wer wirklich anfängt, sein Leben nach dieser Wahrheit auszurichten, dem wird es ein Leichtes sein, Berge ins Meer zu versetzen.

Sie erinnern sich: In Vers 18, den wir im letzten Kapitel betrachtet haben, betete Paulus dafür, dass *„die Augen unseres Herzens“* erleuchtet würden. Genau diese Erleuchtung ist der Schlüssel zu jener Kraft, die Wunder wirkt: Wir müssen sehen können, was der Herr tut, und uns darin mit ihm eins machen.

Dies geschieht freilich nicht auf Anhieb, nicht einmal beim Apostel Paulus. Er wuchs im Glauben. Um es noch einmal zu sagen: Glaube ist wie ein Saatkorn, das wir in den Boden legen, kultivieren, wässern und düngen müssen, bis es Frucht trägt, und das wir von Unkraut freihalten müssen, damit es nicht erstickt wird. Aus diesem Grunde erhielt Adam den Auftrag, den Garten zu hegen. Es ist ein ganz wesentlicher Anteil unserer Bestimmung hier auf der Erde, mit Gott durch den Garten zu gehen und die Dinge zu hegen und zu pflegen, die er gepflanzt hat. Pflegen Sie die Saat, die in Ihrem eigenen Herzen gelegt wurde? Irgendwo in Ihnen gibt es ein Saatkorn, das Berge versetzen kann. Fangen Sie heute an, es zu kultivieren, indem Sie die Hindernisse aus Ihrem Leben beseitigen, die Sie auf Ihrem Weg mit Jesus behindern. Geben Sie sich nicht mit einem Glauben zufrieden, der nichts auszurichten vermag. Denken Sie an die Berge, die noch zu versetzen sind. Irgendjemand wird den Glauben dazu haben. Warum nicht Sie?

Kapitel 9

Allerhöchste Autorität

Im letzten Kapitel sind wir kurz auf Epheser 1,19 eingegangen: „... *und was die überragende Grösse seiner Kraft an uns, den Glaubenden, ist, nach der Wirksamkeit der Macht seiner Stärke.*" Jeder Christ sollte das Ziel verfolgen, in dieser Macht seiner Stärke zu leben, nicht nur aus seiner eigenen Kraft heraus. In den nächsten vier Versen lesen wir, wie das praktisch aussieht:

> *Die hat er in Christus wirksam werden lassen, indem er ihn aus den Toten auferweckt und zu seiner Rechten in der Himmelswelt gesetzt hat, hoch über jede Gewalt und Macht und Kraft und Herrschaft und jeden Namen, der nicht nur in diesem Zeitalter, sondern auch in dem zukünftigen genannt werden wird. Und alles hat er seinen Füssen unterworfen und ihn als Haupt über alles der Gemeinde gegeben, die sein Leib ist, die Fülle dessen, der alles in allen erfüllt. (Elberfelder)*

Wirklicher Glaube ist kein Gefühl und auch nicht die Zuversicht, dass irgendetwas möglich ist. Echter Glaube erkennt an, wer Jesus ist und welche Autorität er innehat. In seinem Namen geschehen Wunder. Das heisst, sie geschehen aus seiner Autorität heraus, nicht aus unserer eigenen. Wir selbst werden niemals imstande sein, Heilungen zu vollbringen, nur weil wir ein grosser Apostel oder Prophet sind oder weil wir Bücher geschrieben oder eine erfolgreiche Gemeinde gegründet haben. Echte geistliche Autorität geht immer von seinem Thron aus, sie hat nichts mit unserem eigenen Titel oder unserer Position zu tun. Deshalb sollten wir immer darauf bedacht sein, Autorität bei ihm zu gewinnen und nicht einfach Autorität über Menschen oder Dinge. Wie geht das? In Hebräer 11,6 lesen wir: *„Aber ohne Glauben ist's unmöglich, Gott zu gefallen; denn wer zu Gott kommen will, der muss glauben, dass er ist und dass er denen, die ihn suchen, ihren Lohn gibt."*

Wir müssen in unserem Herzen wissen, dass wir Glauben brauchen, um Gott zu gefallen. Glaube heisst nicht nur anzunehmen, dass er willens und in der Lage ist, grosse Dinge zu tun, es heisst ihm zu vertrauen – für die Gegenwart! Wenn wir zu Gott kommen, dann müssen wir glauben, dass er *ist*. Dies bedeutet viel mehr, als nur zu glauben, dass es ihn gibt. Viele behaupten, an die Bibel zu glauben, weil sie der Meinung sind, dass die Dinge, die in der Bibel stehen, tatsächlich passiert sind; aber das allein ist noch nicht wahrer Glaube. Wahrer Glaube heisst, an die Dinge zu glauben, die in der Bibel stehen, um sie in unserem eigenen Leben Wirklichkeit werden zu sehen. Echter Glaube bezieht sich nicht auf die Vergangenheit, sondern auf die Gegenwart.

Irgendjemand hat einmal gesagt: „Gott hat nicht einfach ein Buch geschrieben, um danach in den Ruhestand zu gehen!" Er tut auch heute noch all die Dinge, die er damals tat, als die Schriften der Bibel entstanden. Sein Name ist nicht „Ich war, der ich war", oder „Ich werde sein, der ich sein werde", sondern „Ich bin, der ich bin!" Echter Glaube beginnt damit, dass wir die Abgründe der Liebe Gottes erkennen, die er uns am Kreuz erwiesen hat, um dann noch darüber hinaus zu gehen und ihm in der Kraft seiner Auferstehung zu begegnen. Echter Glaube heisst, Jesus dort zu sehen, wo er ist. Echter Glaube heisst, Jesus heute zu sehen, hoch erhoben über alle Herrschaft, Autorität und Macht.

Der Herr möchte heute in Ihrem persönlichen Leben eingreifen. Wenn wir all die Zeit, die wir im Allgemeinen damit zubringen, über unsere Probleme nachzugrübeln, in Zukunft im Gebet verbrächten, dann würden wir mehr und mehr von seinem Wirken in unserem Leben sehen. Auf diese Weise würde unser Glaube zunehmen. Denken Sie nicht, dass Sie Gott mit Ihren kleinen Alltagssorgen auf die Nerven gehen. Er hat sogar grossen Gefallen daran, wenn wir uns auf der Suche nach Hilfe an ihn wenden! Wenn wir erleben, wie Gott sich der kleinen Dinge annimmt, dann wächst unser Glaube, dass er auch grössere Dinge tun wird, wenn wir ihn bitten. Unser Glaube ist ein wenig wie ein Muskel. Je mehr wir ihn gebrauchen, desto kräftiger wird er. Wenn wir ihn nicht gebrauchen, fängt er an zu verkümmern. Der Herr möchte, dass Sie Ihren Glauben üben. Lassen Sie sich also nicht eine einzige Gelegenheit dazu entgehen.

TEIL II

Vision eines himmlischen Wandels

Bibelarbeit zum Epheserbrief
Kapitel 2

KAPITEL 10

Mit Ihm in himmlischen Örtern

Der nächste Abschnitt unserer Bibelarbeit beginnt mit Epheser 2,1-4:

> *Auch ihr wart tot durch eure Übertretungen und Sünden, in denen ihr früher gelebt habt nach der Art dieser Welt, unter dem Mächtigen, der in der Luft herrscht, nämlich dem Geist, der zu dieser Zeit am Werk ist in den Kindern des Ungehorsams. Unter ihnen haben auch wir alle einst unser Leben geführt in den Begierden unseres Fleisches und der Sinne und waren Kinder des Zorns von Natur wie auch die andern. Aber Gott, der reich ist an Barmherzigkeit, hat in seiner grossen Liebe, mit der er uns geliebt hat...*

Vielleicht halten wir uns für anständige Leute, doch selbst die anständigsten Leute, die es auf dieser Welt gibt, werden in erster Linie durch selbstsüchtige Motive getrieben, solange sie nicht in Jesus wiedergeboren sind. Selbst Religiosität kann ganz und gar selbstsüchtig sein, wenn es uns primär darum geht, vor anderen den Anschein von Gerechtigkeit zu erwecken oder Menschen aus einer ausschliesslich irdischen Perspektive heraus Gutes zu tun, statt aus einer himmlischen Perspektive. Solange wir noch in unseren Übertretungen leben, sind wir zumeist nicht imstande, diese bösen Motive in uns selbst wahrzunehmen; doch wenn wir einmal wiedergeboren sind, dann erkennen wir, was in Römer 3,10-12 so trefflich beschrieben ist:

> *Da ist keiner, der gerecht ist, auch nicht einer. Da ist keiner, der verständig ist; da ist keiner, der nach Gott fragt. Sie sind alle abgewichen und allesamt verdorben. Da ist keiner, der Gutes tut, auch nicht einer.*

So halten wir fest, dass wir nicht besser sind als irgendjemand sonst – wir haben lediglich Gnade gefunden. Wenn wir uns seiner grossen Gnade bewusst werden, dann kommen wir unweigerlich ins Staunen, wie es überhaupt möglich ist, dass er so gut zu uns ist, und wir werden von Liebe zu ihm erfüllt. Durch die Erfahrung seiner Liebe werden wir selbst mehr und mehr zu Kanälen seiner Güte. Dennoch ist es sehr nützlich – und Paulus betont diesen Aspekt in seinen Briefen immer wieder –, wenn wir uns beständig vor Augen halten, wo wir herkommen und welch eine Gnade er uns erwiesen hat.

Der Bibeltext, den wir in diesem Kapitel betrachten, spricht auch davon, dass wir früher nach den Regeln des „Mächtigen, der in der Luft herrscht“ gelebt haben. Bis zu dem Moment, da Jesus in unser Leben kam, haben wir nach der Art dieser Welt gelebt – nach den Prinzipien des „Mächtigen, der in der Luft herrscht“, welcher niemand anders ist als Satan. Da er nicht allgegenwärtig ist, vollbringt er sein Zerstörungswerk durch andere böse Geister, die bestimmten geographischen Regionen zugeteilt sind und die das Gedankengut in ihrer jeweiligen Einflusssphäre bestimmen.

Der „Mächtige, der in der Luft (einer Region) herrscht“, wird im Allgemeinen durch die auffälligsten negativen Eigenschaften charakterisiert, die bei den Menschen in dieser Region hervorstechen.

Wie auch Menschen nicht nur ein Persönlichkeitsmerkmal

haben, so haben auch die Mächte, die über einzelnen Regionen herrschen, unterschiedliche Eigenarten. In meinem Heimatgebiet gibt es zum Beispiel einen ausgeprägten Geist der Armut, der unsere ganze ländliche Region beherrscht. Ein Geist der Armut kann dazu führen, dass die Menschen ihr Potenzial nicht ausschöpfen. Er sorgt dafür, dass die Leute gering von sich und ihren Begabungen denken. In unserer Nachbarschaft gibt es eine ganze Reihe von Menschen mit wundervollen Gaben und einer aussergewöhnlichen Intelligenz; und doch behaupten sie von sich selbst, „nur einfache Leute“ zu sein, überhaupt „nichts Besonderes“. Die Realität sieht jedoch ganz anders aus, denn die meisten unserer Nachbarn sind sehr wohl etwas Besonderes. Wir wissen, dass Gott den Demütigen seine Gnade gibt. Doch ein Minderwertigkeitskomplex, der einen Menschen niederhält und ihn davon abbringt, die Dinge zu tun, zu denen er berufen ist, hat nichts mit Demut zu tun. Selbst die Christen in unserer Region neigen dazu, sich selbst als „arme Sünder“ anzusehen, statt als Überwinder in Christus. Diese Neigung betrifft nicht alle im selben Masse, denn eine ganze Reihe von Menschen sieht sehr wohl die Wahrheit des Wortes Gottes, die sie von diesem Joch befreit. Und dennoch ist deutlich zu erkennen, dass in unserer Gegend in den Bergen von North Carolina ein Geist der Armut vorherrscht.

Dieser Geist der Armut ist sicherlich das drückendste Joch, aber es gibt noch andere Faktoren. Eine weitere überaus belastende territoriale Macht ist ein Geist, der die Einheimischen hier dazu bringt, sich durch Fremde und Menschen, die andersartig sind, eingeschüchtert zu fühlen. In einigen Gegenden ist auch ein Geist der Täuschung am Werk, der Suchtprobleme wie Alkoholismus und Drogenkonsum fördert. Diese geistlichen Einflüsse haben viele Jugendliche dazu verlockt, sich für Magie und Spiritismus zu öffnen, denn solche Irrlehren ziehen immer Menschen an, die sich minderwertig fühlen. Haben Sie jemals von einem einfachen Ordner oder von einem Diakon in einem Satanskult gehört? Nein? Dafür gibt es gute Gründe, denn in diesen Sekten wird jedem vermittelt, er sei berufen, ein „Hoherpriester“ zu werden. Diesem Betrug erliegen hauptsächlich Menschen, die sich minderwertig fühlen, weil ihr Selbstwertgefühl dadurch erhöht wird.

Gerade eine Autostunde entfernt, in Charlotte, herrscht ein ganz anderer Geist vor. Anstelle des Minderwertigkeitskomplexes der Leute auf dem Land ist die Stadt von einer Arroganz erfüllt, die Menschen dazu verleitet, höher von sich zu denken, als es angemessen wäre. In Charlotte ist ausserdem ein sehr charismatischer Geist von Zauberei am Werk, der sich vom ländlichen Spiritismus augenfällig unterscheidet. Dies hat nicht das Geringste mit der charismatischen Bewegung zu tun. Gemeint ist vielmehr eine Tendenz, menschliches Charisma einzusetzen, um andere zu kontrollieren und zu manipulieren.

Da wir an beiden Orten Morningstar-Gemeinden haben, können wir unsere Botschaft und unsere Strategie den jeweiligen Gegebenheiten anpassen. Auf dem Land versuchen wir, den Leuten Glauben und Vertrauen zuzusprechen, weil sich unter ihnen eine Reihe von hervorragenden Künstlern, Musikern und potenziellen Führungspersönlichkeiten befinden, die sich nur einfach schwer tun, ihre Gaben zu erkennen. In der Stadt predigen wir dagegen viel häufiger über Demut. Hier gibt es immer wieder Reibereien aufgrund von Stolz und Ehrsucht. Wir haben auch damit begonnen, einen Austausch zwischen den Gemeinden in beiden Regionen anzuregen, damit sie sich gegenseitig befruchten können.

Es kann eine grosse Hilfe sein, wenn wir verstehen, wie wir in einer bestimmten Region „dem Mächtigen, der in der Luft herrscht“ Paroli bieten können, so dass er keinen Einfluss mehr auf unser Leben nehmen kann. Daraus resultierend werden wir das Evangelium in einer Weise predigen, die Menschen auch wirklich freisetzt. Indem wir erkennen, wie sehr unsere alte Natur mit der Wahrheit in Konflikt steht und wie dringend wir die Gnade Gottes brauchen, die er uns durch das Kreuz Jesu geschenkt hat, werden wir selbst freigesetzt und können auch unsererseits zu Freiheitskämpfern werden, die anderen zur Freiheit verhelfen. Dies ist unsere Bestimmung, wie Epheser 2,5-7 sehr schön zum Ausdruck bringt:

... auch uns, die wir tot waren in den Sünden, mit Christus lebendig gemacht – aus Gnade seid ihr selig geworden –; und er hat uns mit auferweckt und mit eingesetzt im Himmel in Christus Jesus, damit er in den kommenden Zeiten erzeige den überschwänglichen Reichtum seiner Gnade durch seine Güte gegen uns in Christus Jesus.

Wir können dem „Mächtigen, der in der Luft herrscht" widerstehen, indem wir über ihn erhöht werden und mit Christus sitzen. Wenn wir Jesus dort oben in seiner ganzen Pracht und Herrlichkeit sehen, dann ist es wesentlich einfacher, dem „Mächtigen, der in der Luft herrscht" auf die Schliche zu kommen und uns ihm zu widersetzen.

Erst im Verlauf der Ewigkeit werden uns die unfassbaren Wege Gottes und seine Gnade und Liebe, die er uns durch das Kreuz erwiesen hat, Schicht für Schicht offenbar werden. Obwohl wir in einer Boshaftigkeit wandelten, die so gross war, dass Gott selbst leiden musste, hat er uns nicht nur vergeben und errettet, sondern uns befähigt, mit ihm zusammen auf dem Thron zu sitzen. Dies ist so unfassbar, dass nur wenige Menschen diese Möglichkeit tatsächlich ergreifen.

Ich habe einen Freund, der König eines Stammes im westafrikanischen Staat Ghana ist. Wenn dieser König in seinem Herrschaftsbereich auf dem Thron sitzt, dann darf sich ihm niemand nähern, wenn er nicht die ausdrückliche Genehmigung dazu hat. Für ihn war die Tatsache, dass Gott uns freien Zugang zum Thron der Gnade gegeben hat und es uns gestattet, voller Zuversicht in seine Gegenwart zu kommen, etwas über die Massen Erstaunliches. Doch damit war es Gott noch nicht genug. Er gewährt uns sogar die Gunst, mit ihm zusammen auf dem Thron zu sitzen, was nichts anderes bedeutet, als dass er uns Anteil an seiner Autorität gibt. Dies war in den Augen meines Freundes nahezu unbegreiflich.

Es gäbe wohl kaum ein grösseres Privileg auf der Welt, als jederzeit freien Zugang zum „Oval Office," dem Büro des Präsidenten im Weissen Haus, zu haben. Um wie vieles herrlicher ist es, dass wir voller Zuversicht vor den Thron des Königs der Könige kommen können! Es reicht jedoch nicht, diese biblische Aussage einfach für wahr zu halten, wir müssen auch tatsächlich zu diesem Thron kommen, wenn wir unsere Bestimmung auf der Welt erfüllen wollen.

Um dieses wunderbare Geschenk auch wirklich zu ergreifen, müssen wir aufhören, uns unseren Stand bei Gott verdienen zu wollen. Aus uns selbst heraus werden wir dieser ungeheuren Ehre und Verantwortung, die uns anvertraut ist, niemals würdig sein. Sie wurde uns durch Jesus erworben. Er hat dies keineswegs widerwillig und zähneknirschend getan. Es ist ihm so wichtig, dass wir die Herrschaft mit ihm zusammen teilen, dass er bereit war, die Schmach und Schande des Kreuzes auf sich zu nehmen. Nun fragen wir uns vielleicht, warum der Herr uns die Sache dann nicht ein wenig einfacher gemacht hat. Warum mutet er es uns zu, diesen Status im Glauben ergreifen zu müssen? Warum schickt er uns nicht einfach eine Eskorte von Engeln, um uns sicher an unseren Platz im Himmel zu geleiten?

Satan fiel deshalb, weil er den Platz auf Gottes Thron so sehr begehrte, dass er ihn eigenmächtig an sich reissen wollte. Echter Glaube gründet sich auf Jesus, nicht auf uns selbst oder unsere Kraft zu glauben. Echter Glaube beinhaltet daher, dass wir immer mehr von Jesus abhängig werden. Wenn wir mehr und mehr im Glauben wachsen und es lernen, uns auf das zu verlassen, was er am Kreuz vollbracht hat, und nicht auf unsere eigene Gerechtigkeit oder unsere eigenen Leistungen, dann kann er uns mehr Macht und Autorität anvertrauen, weil wir sie wirklich nur aus einer ganz engen Verbindung mit ihm heraus gebrauchen werden. Wir sind nicht dazu berufen, auf dem Thron zu sitzen, sondern wir sollen mit ihm zusammen auf seinem Thron sitzen.

Jesus tat nur die Dinge, die er den Vater tun sah. Er lebte in vollkommener Einheit mit seinem Vater. Dieselbe Einheit muss auch zwischen uns und Jesus bestehen. Wir müssen aufs Engste mit ihm verbunden sein. Wirkliche geistliche Autorität haben wir nur in dem Masse, wie wir in ihm bleiben. Die Tatsache, dass die Engel uns voller Respekt begegnen und die Dämonen uns gehorsam sein müssen, hat nicht das Geringste mit uns selbst zu tun, sie beruht einzig und allein darauf, dass er in uns lebt.

Kapitel 11

Das Geschenk Gottes

Wenn wir nun mit Epheser 2,8-9 fortfahren, dann sehen wir, wie Paulus zu einem ganz zentralen Punkt kommt, der für unsere himmlische Bestimmung von grösster Bedeutung ist:

> *Denn aus Gnade seid ihr selig geworden durch Glauben, und das nicht aus euch: Gottes Gabe ist es, nicht aus Werken, damit sich nicht jemand rühme.*

Warum kommt Paulus an dieser Stelle erneut auf ganz elementare Dinge zu sprechen, nachdem er den Ephesern kurz zuvor dargelegt hatte, dass sie zu den höchsten Würden berufen sind, nämlich mit Jesus zusammen im Himmel auf seinem Thron zu sitzen? Paulus war sich bewusst, dass wir in diesem Leben immer in der Versuchung stehen, uns unseren Platz beim Herrn durch eigene Leistungen verdienen zu wollen. Je mehr geistliche Vollmacht uns anvertraut wird, desto grösser kann diese Versuchung werden. Paulus wurde nicht müde, die Jünger daran zu erinnern, dass sie nicht durch Werke gerettet wurden, sondern einzig und allein durch den Glauben an das, was Jesus für uns getan hat. Er wusste sehr genau, dass für die Wahrheit des Evangeliums grösste Gefahr besteht, wenn Satan die Gemeinde dazu verführen kann, die Kraft Gottes in ihrem Leben durch Werke zu ersetzen.

Heute, beinahe 2000 Jahre später, ist dies noch immer ein wesentlicher Prüfstein für jeden Gläubigen, jede Gemeinde, jede

Bewegung, und nicht wenige kommen daran zu Fall. Es handelt sich im Grunde um dieselbe Prüfung, der sich auch Adam und Eva im Garten Eden gegenübersahen: Würden sie sich für die Frucht vom Baum der Erkenntnis von Gut und Böse entscheiden oder für die Frucht vom Baum des Lebens? Wir müssen wissen, dass wir in diesem Leben immer wieder vor derselben Wahl stehen: Wenn das „Gute", das wir in uns selbst zu sehen meinen, das Böse überwiegt, dann bewerten wir uns selbst positiv und meinen, dass Gott derselben Ansicht sein sollte. Geht es nicht schliesslich darum, dass wir gute Menschen sind und gottgefällig leben sollen? Diese Sichtweise ist jedoch eine ganz grundlegende Abweichung vom Glauben, der wirklich Gutes in uns hervorbringen und uns vom Bösen befreien kann. Wie Paulus in seinen Briefen immer wieder betont: Wenn wir als Gläubige versuchen, unsere Gerechtigkeit auf die Befolgung des Gesetzes zu gründen, dann wenden wir uns von Jesus ab. So weitreichend ist diese Entscheidung, die wir immer wieder treffen müssen.

Das Gesetz legt den Standard der Gerechtigkeit Gottes fest. Es macht darüber hinaus deutlich, dass kein Mensch jemals in der Lage ist, diesen Standard zu erfüllen. Aus diesem Grunde waren Sündopfer erforderlich. Als schliesslich Christus, das reine, makellose Lamm Gottes, erschien und sein Leben gab, um den Preis für unsere Sünde zu bezahlen, da wurde er zu unserer Errettung. Wer Jesus verwirft und durch seine eigenen Werke gerecht werden will, der legt damit ein ungeheures Mass an Stolz und Verblendung an den Tag und tritt die Gnade, die Gott uns geschenkt hat, mit Füssen. Daran wird sich niemals etwas ändern. Wir werden niemals aus unserer eigenen Güte heraus vor Gott bestehen können, aber durch das Blut seines Sohnes dürfen wir jederzeit voller Zuversicht vor dem Thron Gottes erscheinen. Jesus allein ist unsere Gerechtigkeit.

Diejenigen, die auf ihre eigenen Werke vertrauen, werden sich unweigerlich selbst immer wichtiger nehmen, anstatt im Vertrauen auf Jesus zu wachsen. Sie werden es am Ende am wenigsten akzeptieren können, wenn jemand die Gerechtigkeit aus dem Glauben für sich beansprucht. So erging es dem jungen

Saul, dem pharisäerhaftesten aller Pharisäer, der so sehr Anstoss an den ersten Christen nahm, dass er sie verbissen verfolgte und auf diese Weise mit der Wahrheit Gottes in Konflikt kam. Weil die Selbstgerechtigkeit in ihm so extreme Blüten getrieben hatte, konnte er später das Wesen dieses Konfliktes in einer Tiefe ermessen wie kaum ein anderer.

Paulus' selbstgerechte Verfolgung der jungen Gemeinde hatte ihre Wurzeln in dem Urkonflikt, der schon Kain dazu brachte, seinen Bruder Abel zu ermorden. Kains Opfer wurde deshalb verworfen, weil er Gott die Frucht seiner Arbeit darreichte, während Abel ein Blutopfer brachte, welches prophetisch auf das Kommen Jesu hindeutete. Dies entfachte in Kain eine solche Wut, dass er seinen Bruder schliesslich erschlug. Wir sind allein durch das Kreuz vor Gott angenommen. Genau hier liegt auch der Kern des Konfliktes zwischen dem Christentum und allen anderen Religionen, die sich allesamt darauf gründen, dass der Mensch aufgrund seiner Werke erlöst wird.

Wenn wir Jesus wirklich nachfolgen, wenn er unsere Gerechtigkeit ist, dann werden wir uns immer nur seiner rühmen. Wie könnten wir uns jemals etwas auf unsere eigenen Werke einbilden, wenn wir einmal erkannt haben, was er für uns getan hat? Allein die Annahme, wir könnten etwas tun, um uns vor Gott gerecht zu machen, ist ein Affront gegen das Kreuz, der ultimative Ausdruck des Stolzes gegen Gott, der am Ende unweigerlich zur Trennung von Jesus führt.

Wenn wir die grosse Liebe erkennen, die er bewies, indem er solches Leid auf sich nahm, kommen wir selber nicht umhin, ihn zu lieben und ihm nachzufolgen. Aus der Gewissheit des Heils heraus, für das er um unseretwillen so gelitten hat, gewinnen wir zunehmend Freiheit und Kühnheit im Vertrauen auf ihn, nicht auf uns selbst.

Wie Jesus uns immer wieder klar macht, liebt uns auch der Vater. Schliesslich war es der Vater, der uns so sehr geliebt hat, dass er seinen einzigen Sohn gesandt hat, um für uns zu sterben. So tief ist seine Liebe. Und doch wird er uns nie aufgrund unserer Werke annehmen. Wenn er dies täte, würde er das Kreuz für null und nichtig erklären und uns dem Stolz überlassen, in dem die Sünde und der Tod einst ihren Ursprung nahmen.

Wir gehen nun zum nächsten Vers über, Epheser 2,10:

> *Denn wir sind sein Werk, geschaffen in Christus Jesus zu guten Werken, die Gott zuvor bereitet hat, dass wir darin wandeln sollen.*

Nachdem Paulus zuvor den biblischen Grundsatz untermauert hat, dass wir nicht durch Werke gerettet werden, baut er in diesem Vers das zuvor besprochene Glaubensprinzip noch weiter aus: Wir sind ein Produkt Gottes und nicht ein Produkt unserer selbst. In der Welt kommt es darauf an, sich selbst optimal zu verwirklichen, nicht jedoch bei Gott. Unser Ziel ist es, durch die Gnade Gottes gegründet und geformt zu werden, nicht durch unsere eigene Leistung. In diesem Sinne sind wir ein „Werkstück" Gottes, das dazu bestimmt ist, einzig und allein zu dem zu werden, was Gott in uns gestalten will.

Nachdem Paulus klargestellt hat, dass wir nicht durch Werke gerettet werden, führt er aus, dass wir dennoch zu guten Werken geschaffen wurden. Es besteht ein grosser Unterschied zwischen guten Werken, die wir tun, um bei Gott angenommen zu sein, und guten Werken, die wir aus dem Bewusstsein heraus tun, dass wir bei Gott bereits angenommen sind. Wir tun nichts, um uns Gottes Wohlwollen zu erkaufen; wir handeln vielmehr, weil wir Gott lieben, der uns zuerst geliebt und errettet hat und nun durch uns hindurch wirken will.

Wenn es uns erst einmal dämmert, dass wir sein Werk sind und er buchstäblich alles, was in unserem Leben passiert, für seine Zwecke benutzt, dann wird uns klar, dass uns in der Tat nichts geschehen kann, was er nicht zugelassen hat, um seinem Ziel mit uns näher zu kommen. Er ist der Töpfer, wir sind der Ton. Wir drehen uns auf der Töpferscheibe des Lebens; und die Ereignisse, die uns widerfahren, sind gleichsam die Hände Gottes, die uns formen. Unser Ziel sollte sein, es ihm leicht zu machen und seinem Wirken in unserem Leben nicht zu widerstehen, indem wir uns von ihm formen lassen.

In aller Regel ist es jedoch nicht ganz einfach, nach dieser Massgabe zu leben, und mitunter kann es sogar sehr verwirrend sein. Wir wollen uns Gott unterordnen, doch zugleich sind wir aufgerufen, dem Teufel zu widerstehen. Manche Dinge, die uns im Leben widerfahren, sind schliesslich vom Teufel. Wie also können wir zwischen beiden unterscheiden? Hinzu kommt noch, dass Gott es dem Teufel mitunter gestattet, uns zu testen, um uns zur Reife zu bringen. Sollen wir uns in einem solchen Falle einfach fügen?

Sicherlich wäre vieles leichter, wenn es auf diese Fragen einfache Antworten gäbe; aber dann bräuchten wir auch nicht mehr den Herrn zu suchen, um seine Weisheit zu bekommen. Manchmal ist die Antwort sehr komplex, und wir brauchen Weisheit aus der Höhe, um sie zu verstehen. Dennoch ist die Antwort auf jede Situation, die uns begegnet, und jede Prüfung, der wir uns stellen müssen, dass wir zuallererst Jesus nachfolgen. So heisst es in 2. Korinther 2,14: *„Gott aber sei gedankt, der uns allezeit Sieg gibt in Christus und offenbart den Wohlgeruch seiner Erkenntnis durch uns an allen Orten!“* Er gibt uns den Sieg. Das bedeutet, dass wir ihm folgen müssen. Ihm nachzufolgen ist in jeder Situation die richtig Wahl.

Aus diesem Grunde müssen wir ihn suchen, ihn erkennen und unsere Aufmerksamkeit ganz auf ihn gerichtet halten. Um nichts anderes geht es in den Prüfungen, die wir in unserem Leben durchstehen. Das Ergebnis wird sein, dass wir ihm näher kommen. Je schneller wir ihn finden und je entschlossener wir uns Jesus inmitten der Prüfung hingeben, desto schneller werden wir in aller Regel auf der anderen Seite des Tunnels wieder auftauchen.

Nachfolge Jesu führt jedoch immer ans Kreuz. Der Ort seines Triumphes war das Kreuz, und für uns wird es nicht anders sein. Deshalb sagte Jesus in Matthäus 16,25: *„Denn wer sein Leben erhalten will, der wird's verlieren; wer aber sein Leben verliert um meinetwillen, der wird's finden.“* In Jesus zu sein heisst somit, dieser Welt gestorben zu sein. Es ist unmöglich, einen Toten zu beleidigen. Ein Toter kann sich auch nicht abgelehnt oder missbraucht fühlen. Wenn wir wirklich dieser Welt gestorben sind, dann können wir in jeder Situation mit der Liebe Gottes reagieren. Auf diese Weise schenkt Gott uns allezeit den Sieg *„und offenbart den Wohlgeruch seiner Erkenntnis durch uns an allen Orten" (2. Korinther 2,14)*.

Um die Sache ein wenig zu vereinfachen, könnten wir uns folgende Frage stellen: „Spiegelt sich in meiner Reaktion auf diese Prüfung das Wesen Jesu wider?" Und wenn dem nicht so ist: „Wie müsste ich meine Reaktion ändern, damit ich das Wesen Jesu in dieser Situation widerspiegele?" Oder: „Was würde Jesus an meiner Stelle tun?" Wenn wir die Antwort auf diese Frage erkennen und umsetzen, dann werden wir verwandelt in sein Bild und werden zu seinem Werk, das in diesem Moment für alle sichtbar wird.

Unser Vers macht auch deutlich, dass wir in Christus zu *„guten Werken"* geschaffen wurden. Dies ist eines der zentralen Themen im Jakobusbrief. So lesen wir in Jakobus 2,18-24:

> *Aber es könnte jemand sagen: Du hast Glauben, und ich habe Werke. Zeige mir deinen Glauben ohne die Werke, so will ich dir meinen Glauben zeigen aus meinen Werken. Du glaubst, dass nur einer Gott ist? Du tust recht daran; die Teufel glauben's auch und zittern. Willst du nun einsehen, du törichter Mensch, dass Glaube ohne Werke nutzlos ist? Ist nicht Abraham, unser Vater, durch Werke gerecht geworden, als er seinen Sohn Isaak auf dem Altar opferte? Da siehst du, dass der Glaube zusammengewirkt hat mit seinen Werken, und durch die Werke ist der Glaube vollkommen geworden.*
>
> *So ist die Schrift erfüllt, die da spricht (1. Mose 15,6): „Abraham hat Gott geglaubt, und das ist ihm zur Gerechtigkeit gerechnet worden", und er wurde „ein Freund Gottes" genannt (Jesaja 41,8). So seht ihr nun, dass der Mensch durch Werke gerecht wird, nicht durch Glauben allein.*

Wogegen Jakobus sich hier so vehement wendet, ist die Verblendung, der auch heutzutage zahllose Christen anheim fallen. Sie sind überzeugt, dass allein der Glaube daran, dass Gott existiert, schon ausreicht, um „gerettet“ zu werden. Aber Jakobus legt dar, dass auch die Dämonen an Gott glauben; sie sind sich seiner Macht und Autorität vermutlich deutlicher bewusst als die meisten Christen. Wenn wir dem Herrn wirklich glauben, dann werden wir für ihn leben, ihm gehorchen und die Werke tun, die er uns zu tun aufgetragen hat.

Kapitel 12

Vom Tod zum Leben

Im nächsten Vers, Epheser 2,11, führt Paulus seine Darlegungen zum Thema fort. Es geht noch immer um die Frage, wie wir für unsere Bestimmung in Christus zubereitet werden können:

> *Darum denkt daran, dass ihr, die ihr von Geburt einst Heiden wart und Unbeschnittene genannt wurdet von denen, die äusserlich beschnitten sind...*

Was mag den Herrn dazu bewogen haben, die Beschneidung zum Zeichen seines Bundes mit den Menschen zu machen? Das Fleisch wird in der Bibel immer wieder als Metapher für die fleischliche Natur verwendet. Die Beschneidung war ein Symbol dafür, dass diese fleischliche Natur weggeschnitten werden musste, damit wir mit dem Herrn in einen Bund eintreten können.

Die Beschneidung im Zuge der Berufung Abrahams war einer der ersten Schritte in dem Prozess, den Gott einsetzte, um uns Menschen von den Folgen des Sündenfalls zu erlösen. Sie ist ein Symbol für einen Vorgang, der nach wie vor allen Menschen abverlangt wird, die Versöhnung mit Gott erleben wollen. Erlösung ist weit mehr als nur Vergebung der Sünden. Die Erlösung durch das Kreuz beinhaltet auch die Beseitigung unserer sündhaften Natur, des „Leibes der Sünde".

Es ist eine Täuschung und gleichzeitig eine tragische Verdrehung des Evangeliums, wenn eine oberflächliche Vergebung der

Sünden ohne das notwendigerweise damit verbundene Ablegen der sündhaften Natur gepredigt wird. Im Neuen Testament lesen wir immer wieder – und auch das Alte Testament bestätigt diese Tatsache –, dass diejenigen, die das Kreuz zur Vergebung ihrer Schuld angenommen haben, auch wiedergeboren und in ihrem Innersten verwandelt wurden.

Lassen Sie uns nun ein wenig darüber nachsinnen, was die Beschneidung mit der Ablegung unserer sündhaften Natur zu tun hat. Ohne hier in unangemessener Weise ins Detail zu gehen, sei doch festgehalten, dass bei der Beschneidung keineswegs das ganze Körperteil weggeschnitten wurde. Es ging nur um das überschüssige Fleisch (welches die sündige Natur symbolisiert). Allein dieser Teil wurde bei der Beschneidung entfernt. Es ist keineswegs so, dass unsere menschliche Natur als Ganze sündhaft ist. Der Herr hat uns als Wesen aus Fleisch und Blut mit bestimmten Wünschen und Bedürfnissen geschaffen, und er möchte, dass wir sie uns mit Freude und Dankbarkeit erfüllen. Es ist keineswegs sündig, bestimmte Bedürfnisse zu haben.

Wann immer der Begriff „Fleisch" in der Schrift gebraucht wird, geht es um die sündhafte Natur, nicht um den natürlichen Menschen selbst. Sexuelle Wünsche sind überhaupt nicht sündig, solange sie innerhalb ihrer schöpfungsgemässen Grenzen erfüllt werden. Sexualität ist ein besonderes Geschenk Gottes an uns, das dazu dient, die intime Bindung zwischen Mann und Frau im Rahmen eines Ehebundes zu stärken. Sie ist als etwas Wunderbares und Aufregendes gedacht. Es ist wichtig, dass wir diesen Zusammenhang verstehen, denn der beste Schutz gegen eine Pervertierung unserer natürlichen Bedürfnisse besteht darin, dass wir sie in einer gesunden Weise ausleben.

Als ich noch in Charlotte wohnte, nahm ich häufig an einem wöchentlichen Treffen von Pastoren und Leitern teil. Ich war gerne dabei, weil ich den Eindruck hatte, dass dort immer etwas Besonderes geschah. Als sich die folgende Begebenheit zutrug, war ich jedoch leider nicht anwesend, sie wurde mir später erzählt. Ein pensionierter anglikanischer Bischof, der so an die achtzig Jahre alt gewesen sein muss, bat die anderen Pastoren darum, für ihn zu beten. Als er gefragt wurde, worum es denn ginge, meinte er verschämt: „Ich habe Probleme mit Lust …“, und fügte kleinlaut hinzu „… auf meine Frau.“ Zunächst schauten ihn alle ungläubig an, doch als deutlich wurde, dass er diese Anfrage sehr erst meinte, sagten die versammelten Pastoren einhellig: „Aber, da brauchen wir doch nicht für Sie zu beten. Sie sollten eher für uns beten!“

Das Ziel der Erlösung besteht darin, wiederherzustellen, was beim Sündenfall verloren ging – vor allen Dingen unsere Beziehung zu Gott. Nur wenn dies geschehen ist, können auch unsere Beziehungen zu anderen Menschen wieder zu dem werden, was sie eigentlich sein sollten. Selbstsucht wirkt sich in jeder Beziehung zerstörerisch aus. Deshalb müssen wir von den Wunden der Sünde geheilt werden, die Selbstsucht hervorrufen, wie Ablehnung, Missbrauch usw. Der Herr tut dies jedoch nicht durch einen langen Prozess der Selbstprüfung, in dem wir unsere Seele auf der Suche nach unseren Wunden durchforsten – er schneidet vielmehr die Probleme hinweg und lässt uns als eine neue Schöpfung ganz von vorne beginnen. Das Ziel der Erneuerung unseres Sinnes besteht darin, dass wir die neue Schöpfung ergreifen können, die wir geworden sind, nicht aber den alten Menschen zu reparieren, der – wie wir festhalten – mit Jesus gestorben ist.

In Römer 6,3-14 finden wir einen weiteren Hinweis darauf, wie diese Erneuerung in unserem Leben verwirklicht werden kann:

> *Oder wisst ihr nicht, dass alle, die wir auf Christus Jesus getauft sind, die sind in seinen Tod getauft? So sind wir ja mit ihm begraben durch die Taufe in den Tod, damit, wie Christus auferweckt ist von den Toten durch die Herrlichkeit des Vaters, auch wir in einem neuen Leben wandeln. Denn wenn wir mit ihm verbunden und ihm gleich geworden sind in seinem Tod, so werden wir ihm auch in der Auferstehung gleich sein. Wir wissen ja, dass unser alter Mensch*

mit ihm gekreuzigt ist, damit der Leib der Sünde vernichtet werde, so dass wir hinfort der Sünde nicht dienen. Denn wer gestorben ist, der ist frei geworden von der Sünde. Sind wir aber mit Christus gestorben, so glauben wir, dass wir auch mit ihm leben werden, und wissen, dass Christus, von den Toten erweckt, hinfort nicht stirbt; der Tod kann hinfort über ihn nicht herrschen. Denn was er gestorben ist, das ist er der Sünde gestorben ein für alle Mal; was er aber lebt, das lebt er Gott. So auch ihr, haltet dafür, dass ihr der Sünde gestorben seid und lebt Gott in Christus Jesus. So lasst nun die Sünde nicht herrschen in eurem sterblichen Leibe, und leistet seinen Begierden keinen Gehorsam. Auch gebt nicht der Sünde eure Glieder hin als Waffen der Ungerechtigkeit, sondern gebt euch selbst Gott hin, als solche, die tot waren und nun lebendig sind, und eure Glieder Gott als Waffen der Gerechtigkeit. Denn die Sünde wird nicht herrschen können über euch ...

Kapitel 13

Der neue Mensch

In den nächsten Versen, Epheser 2,12-16, legt der Apostel ein weiteres ganz elementares und doch wirklich bemerkenswertes Ergebnis des Kreuzes dar:

> *(Denkt daran), dass ihr zu jener Zeit ohne Christus wart, ausgeschlossen vom Bürgerrecht Israels und Fremde ausserhalb des Bundes der Verheissung; daher hattet ihr keine Hoffnung und wart ohne Gott in der Welt. Jetzt aber in Christus Jesus seid ihr, die ihr einst Ferne wart, Nahe geworden durch das Blut Christi. Denn Er ist unser Friede, der aus beiden eines gemacht hat und den Zaun abgebrochen hat, der dazwischen war, nämlich die Feindschaft. Durch das Opfer seines Leibes hat er abgetan das Gesetz mit seinen Geboten und Satzungen, damit er in sich selber aus den zweien einen neuen Menschen schaffe und Frieden mache und die beiden versöhne mit Gott in einem Leib durch das Kreuz, indem er die Feindschaft tötete durch sich selbst.*

Die *„beiden"*, von denen Paulus hier spricht, die zu *„einem neuen Menschen"* werden sollen, sind Juden und Heiden. Es ist eine der kritischen Fragen unserer Zeit, wie und auf welcher Grundlage diese Versöhnung geschehen kann. Viele fangen inzwischen an zu verstehen, dass die Kirche heutzutage mehr auf Rom als auf Jerusalem gegründet ist. Von vielen wird dies nicht als negativ empfunden, und doch war es von Gott niemals so geplant. Das bedeutet jedoch nicht, dass Gott Rom oder den anderen grossen Kirchen keinen Raum gegeben hätte, sich auf dem von ihm gewählten Fundament weiterzuentwickeln – er wollte lediglich nicht, dass sich diese Kirchen an die Stelle des erwählten Volkes setzen.

Gott hat das jüdische Volk aus einem bestimmten Grund erwählt, um den Messias hervorzubringen. Es hat auch seine Gründe, dass er die Fundamente seiner Gemeinde in Jerusalem gelegt hat und dass alle Autoren der Bibel Juden waren. Wenn wir zum Ende dieses Zeitalters hin in unsere volle Bestimmung hineinkommen wollen, dann ist es von grösster Bedeutung, dass wir diese Zusammenhänge verstehen. Es gelingt jedoch nur wenigen, bei diesem Thema zu einer gesunden Balance zu finden, denn der Weg des Lebens hat zu beiden Seiten seine Gräben, in die man nur allzu leicht fallen kann.

Viele Christen, die auf einmal zu verstehen beginnen, wie wichtig ihre jüdischen Wurzeln sind, schwingen zu weit zurück und erheben die Befolgung von Gesetzesvorschriften wieder zu einem zentralen Thema in ihrer Beziehung zum Herrn. In den zu Beginn dieses Kapitels zitierten Versen aus dem Epheserbrief lesen wir jedoch ganz unmissverständlich, dass Jesus das Gesetz durch sein Opfer am Kreuz abgetan hat. Er hat es als Quelle der Gerechtigkeit vor Gott überflüssig gemacht, indem er selbst für uns zur Gerechtigkeit wurde. Deshalb versuchen wir nicht mehr, das Gesetz zu erfüllen, um gerecht zu sein, sondern wir ergreifen das Kreuz und trachten danach, im Herrn zu bleiben, der unsere Gerechtigkeit ist. Wenn wir unsere jüdischen Wurzeln wirklich verstehen wollen, dann müssen wir vor die Zeit des Gesetzes zurückgehen, das ja überhaupt nur um unserer Übertretungen willen eingesetzt wurde. In Galater 5,4-9 finden wir eine sehr ernste Warnung:

Ihr habt Christus verloren, die ihr durch das Gesetz gerecht werden wollt, und seid aus der Gnade gefallen. Denn wir warten im Geist durch den Glauben

> *auf die Gerechtigkeit, auf die man hoffen muss. Denn in Christus Jesus gilt weder Beschneidung noch Unbeschnittensein etwas, sondern der Glaube, der durch die Liebe tätig ist. Ihr lieft so gut. Wer hat euch aufgehalten, der Wahrheit nicht zu gehorchen? Solches Überreden kommt nicht von dem, der euch berufen hat. Ein wenig Sauerteig durchsäuert den ganzen Teig.*

Wir laufen also Gefahr, dass wir *„Christus verlieren“*, wenn wir uns dem Gesetz zuwenden. Ich habe es immer wieder erlebt, wie Christen die Notwendigkeit erkannten, sich auf die jüdischen Wurzeln der Gemeinde Jesu zu besinnen, und dann mit dem Sauerteig in Berührung gekommen sind, vor dem Jesus uns in Matthäus 16,6 gewarnt hat: *„Seht zu und hütet euch vor dem Sauerteig der Pharisäer und Sadduzäer.“* Um dieses Sauerteigs willen heisst es auch, der Dienst am Gesetz sei ein *„Amt, das den Tod bringt“*, ein *„Amt, das zur Verdammnis führt“ (2. Korinther 3,7.9)*. Dennoch mahnt uns derselbe Paulus, der diese Worte schreibt, an anderer Stelle, in Römer 3,31: *„Heben wir denn das Gesetz auf durch den Glauben? Das sei ferne! Sondern wir richten das Gesetz auf.“*

Jesus kam nicht etwa, um das Gesetz als Massstab der Gerechtigkeit aufzuheben. Er kam, um es zu erfüllen und um selbst unsere Gerechtigkeit zu werden. Paulus legte den Römern dar, dass es ohne das Gesetz keine Übertretung geben kann, weil die Massstäbe der Gerechtigkeit Gottes ohne die Gesetzesvorgaben überhaupt nicht bekannt wären. In diesem Sinne fungiert das Gesetz gewissermassen als Lehrer, der uns am Ende zu Jesus führt. Es führt uns deshalb unweigerlich zu Jesus hin, weil jedem, der Gott ernsthaft sucht, eines deutlich werden muss: Es ist unmöglich, das Gesetz aus unserer eigenen Kraft heraus zu erfüllen. Somit sind wir voll und ganz auf das Kreuz angewiesen, damit unsere Schuld vergeben wird und wir die Versöhnung mit Gott erfahren können. Römer 7,7-13 macht dies unmissverständlich deutlich:

Was sollen wir denn nun sagen? Ist das Gesetz Sünde? Das sei ferne! Aber die Sünde erkannte ich nicht ausser durchs Gesetz. Denn ich wusste nichts von der Begierde, wenn das Gesetz nicht gesagt hätte (2. Mose 20, 17): „Du sollst nicht begehren!" Die Sünde aber nahm das Gebot zum Anlass und erregte in mir Begierden aller Art; denn ohne das Gesetz war die Sünde tot. Ich lebte einst ohne Gesetz; als aber das Gebot kam, wurde die Sünde lebendig, ich aber starb. Und so fand sich's, dass das Gebot mir den Tod brachte, das doch zum Leben gegeben war. Denn die Sünde nahm das Gebot zum Anlass und betrog mich und tötete mich durch das Gebot. So ist also das Gesetz heilig, und das Gebot ist heilig, gerecht und gut. Ist dann, was doch gut ist, mir zum Tod geworden? Das sei ferne! Sondern die Sünde, damit sie als Sünde sichtbar werde, hat mir durch das Gute den Tod gebracht, damit die Sünde überaus sündig werde durchs Gebot.

Ein sehr ernsthaftes Problem, das in der heutigen Gemeinde leider allzu verbreitet ist, ist gerade der Mangel an einem gesunden Umgang mit dem Gesetz – als Mittel nämlich, um Sünde aufzudecken. Dies ist die tragische Konsequenz eines verfälschten Evangeliums, wonach Jesus nicht gekommen ist, um uns von der Sünde zu erlösen, sondern von unseren Schwierigkeiten. Wie sollten wir uns auf das Kreuz berufen, um Vergebung der Sünden zu erlangen – die einzige Basis, auf der Versöhnung mit Gott überhaupt möglich ist –, wenn wir uns selbst gar nicht als Sünder sehen, die Vergebung und Versöhnung mit Gott nötig haben? Doch obwohl uns das Gesetz gegeben wurde, um uns von der Sünde zu überführen, kann es uns auch zur tödlichen Falle werden, wenn wir es anstelle des Kreuzes als Weg zur Erlösung missbrauchen.

Das Gesetz ist also gut, solange wir es zu dem Zweck verwenden, zu dem es bestimmt ist. Ansonsten wird es zur ultimativen Täuschung und zu einem *„Amt, das zum Tod führt"*. Manche Christen nehmen das Gesetz, vollkommen berechtigt, zum Anlass, um zum Kreuz zu kommen und sich mit Gott versöhnen zu lassen. Danach jedoch kramen sie das Gesetz wieder hervor und versuchen, es einzuhalten, um die Gunst Gottes nicht zu verlieren. Genau dies ist die Falle, vor der Paulus in seinen Briefen immer wieder eindringlich warnt. Es war zugleich die erste grosse Irrlehre, mit der sich die Apostel im ersten Jahrhundert auseinander setzen mussten. Sie wird auch zum Ende der Zeiten hin wieder auftauchen. Letztendlich manifestiert sich in dieser Irrlehre wieder jene Grundentscheidung zwischen dem Baum der Erkenntnis und dem Baum des Lebens, die wir als Menschen zu treffen haben.

Wie wir in den Versen aus dem Epheserbrief gelesen haben, die diesem Kapitel zugrunde liegen, kann nur das Kreuz die Feindschaft zwischen Juden und Heiden beenden und beide zu *einem* neuen Menschen zusammenbringen, so wie es zum Ende der Zeiten auch geschehen wird. Aus dieser Vereinigung wird ein Baum mit jüdischen Wurzeln und heidnischen Ästen erwachsen, die beide jeweils vollkommen aufeinander angewiesen sind, um zu überleben und Frucht zu bringen. Die Juden, die an den Messias glauben, sind ohne die Heidenchristen unvollständig, und umgekehrt gilt genau das Gleiche. Diese Vereinigung wird vor dem Ende der Zeiten geschehen, doch gegenwärtig verschanzen sich beide Gruppierungen noch in ihrem Graben neben dem Weg des Lebens, der zwischen ihnen liegt.

Kapitel 14

Die Prüfung

Und er ist gekommen und hat im Evangelium Frieden verkündigt euch, die ihr fern wart, und Frieden denen, die nahe waren. Denn durch ihn haben wir alle beide in einem Geist den Zugang zum Vater. So seid ihr nun nicht mehr Gäste und Fremdlinge, sondern Mitbürger der Heiligen und Gottes Hausgenossen ... (Epheser 2,17-19)

Das Evangelium, das uns die Erlösung gebracht hat, ist eine Botschaft des Friedens. In 2. Korinther 13,5 ermahnt uns Paulus: *„Erforscht euch selbst, ob ihr im Glauben steht; prüft euch selbst!"* Eines der grundlegenden Kriterien, mit Hilfe dessen wir erkennen können, ob wir auf dem Weg des Lebens sind, ist der Friede in unserem Leben. Jesus ist der Friedefürst, und wenn wir in seiner Nähe sind, dann ist unser Leben von einem Frieden erfüllt, der alles übersteigt, was es in dieser Welt ohne ihn jemals geben kann.

Wenn es uns an Frieden mangelt, wenn wir von Angst und Ehrgeiz erfüllt sind, dann ist dies ein untrügliches Zeichen dafür, dass wir uns von ihm entfernt haben. Wenn dem so ist, dann sollten wir die Ermahnung, die Paulus uns gibt, ernst nehmen und „uns selbst erforschen"! Wo sind wir vom Weg abgewichen? Was ist in unser Leben gekommen, das unsere Beziehung zu Gott getrübt hat?

In unserer Passage im Epheserbrief lesen wir, dass wir *„in einem Geist den Zugang zum Vater haben"*. Das Sühneopfer Christi dient dem einen Zweck, unsere Beziehung zu Gott wiederherzustellen. Geschieht dies in unserem Leben? Inwieweit die Erlösung in unserem Leben Fuss gefasst hat, können wir in erster Linie daran erkennen, wie nahe wir beim Herrn sind. Dies ist ein ganz einfacher Massstab, mit dem wir prüfen können, ob wir noch in der Wahrheit leben. Wahrheit ist das, was uns dem Herrn näher bringt.

Hierzu passt auch der nächste Vers, welcher besagt, dass wir *„nun nicht mehr Gäste und Fremdlinge, sondern Mitbürger der Heiligen und Gottes Hausgenossen“* sind. Wie vertraut mir ein anderer Mensch ist, kann ich immer sehr gut daran ablesen, wie wohl ich mich bei ihm zu Hause fühle. Manchen Leuten fühle ich mich so verbunden, dass ich genau weiss: Hier brauche ich nicht zu fragen, ob ich an den Kühlschrank gehen darf, um mir etwas zu essen oder zu trinken zu nehmen. Wenn mir jemand nicht wirklich eng vertraut ist, würde ich so etwas nie in Erwägung ziehen. Ich fühle mich freilich nirgends wohler als in meinem eigenen Haus. Wie sehr fühlen Sie sich bei Gott zu Hause? Nicht in einem Kirchengebäude, sondern in seiner Gegenwart, inmitten seines Volkes.

Das Haus des Herrn ist auch unser Zuhause. Wir sind hier keine Fremden; im Haus des Herrn sollten wir uns niemals fremd fühlen. Wenn jemand gerade erst neu zum Herrn gefunden hat, dauert dies natürlich eine Weile, aber insgesamt ist dies eine sehr gute Art und Weise, um festzustellen, wie es um uns bestellt ist. Wo fühlen wir uns am meisten zu Hause? Darum geht es auch in 2. Korinther 5,6-8:

> *So sind wir denn allezeit getrost und wissen: solange wir im Leibe wohnen, weilen wir fern von dem Herrn; denn wir wandeln im Glauben und nicht im Schauen. Wir sind aber getrost und haben viel mehr Lust, den Leib zu verlassen und daheim zu sein bei dem Herrn.*

Fühlen wir uns wohler, wenn wir aus dem Glauben leben oder wenn wir in dem Bereich bleiben, den wir mit unseren natürlichen Augen erfassen können? Wird uns die Himmelswelt Stück für Stück vertrauter als die natürliche Welt? Joe Garlington sagte einmal: „Wir sind nicht menschliche Wesen, die von Zeit zu Zeit einmal eine geistliche Erfahrung haben, sondern wir sind geistliche Wesen, die für eine Zeit lang die Erfahrung des Menschseins machen."

Die Frage „Wer ist denn dein Daddy?", ist heute zu einer Modefrage geworden. An wen denken Sie zuerst, wenn von Ihrem Vater die Rede ist – an Ihren Vater im Himmel oder an Ihren irdischen Vater? Oder anders gefragt: „Wo sind Sie zu Hause?" Woran denken Sie zuerst, wenn Sie das Wort „Zuhause" hören?

Kapitel 15

Das Fundament und der Schlussstein

In diesem Kapitel wollen wir zunächst Epheser 2,20 betrachten:

> *... erbaut auf den Grund der Apostel und Propheten, da Jesus Christus der Eckstein ist ...*

Damit will Paulus keineswegs ausdrücken, dass die Apostel und Propheten der Grundstein der Gemeinde sind. In 1. Korinther 3,11 schreibt er ganz klar, dass Jesus Christus das einzige Fundament der Gemeinde ist. Die Apostel und Propheten sind es jedoch, die das Fundament legen, welches Jesus ist. Jesus ist freilich nicht nur der Schlussstein und das Fundament, er selbst ist der ganze Bau.

Zu biblischen Zeiten gab es keine ausgefeilten Baupläne auf riesigen Papierbögen, nach denen sich die Bauleute richten konnten. Sie orientierten sich stattdessen am Schlussstein des Gebäudes. Er war gewissermassen der Massstab dafür, wie das Gebäude aussehen sollte und wie gross es sein würde. So war der Eckstein der Pyramiden zugleich auch der Schlussstein. Während der Bauphase diente er immer wieder als Orientierung, inwieweit die Arbeiten auch tatsächlich nach den Vorgaben des Architekten ausgeführt wurden.

In einem ganz ähnlichen Sinne ist auch Jesus für uns der Eckstein. Er ist das Gebäude, an dem wir bauen. In der folgenden Bibelstelle in Kolosser 1,28-29 lesen wir, dass Paulus den Sinn und

Zweck seiner Arbeit genau an diesen Vorgaben ausrichtete, die zugleich die Essenz jedes wahren apostolischen und prophetischen Dienstes sein müssen:

> *Den verkündigen wir und ermahnen alle Menschen und lehren alle Menschen in aller Weisheit, damit wir einen jeden Menschen in Christus vollkommen machen. Dafür mühe ich mich auch ab und ringe in der Kraft dessen, der in mir kräftig wirkt.*

Es ging Paulus keineswegs nur darum, Menschen dazu zu bewegen, Jesus als ihren Herrn zu bekennen, obwohl dies sicherlich ein wichtiger Anfang ist. Auch war er nicht ausschliesslich darum bemüht, jungen Christen eine solide Grundlage in den Lehren des Glaubens zu vermitteln, so notwendig dies auch sein mag. Ebenso war es nicht sein einziges Ziel, überall, wo er hinkam, Gemeinden zu gründen. All diese Einzelanliegen dienen letztendlich nur dem einen Ziel: dass jeder einzelne Gläubige dem Bild Christi gleich gestaltet wird, denn zu diesem Zweck wurden wir ursprünglich geschaffen. Zu Anfang steht die Versöhnung mit Gott durch das Kreuz. Danach folgt die Erneuerung unseres Sinnes und die Verwandlung unseres Lebens nach seinen Absichten.

Gott misst den Zustand seiner Gemeinde nicht daran, wie sie am Sonntag Gottesdienst feiert, sondern wie sie am Montagmorgen danach im Alltag lebt. Die hauptsächliche Berufung unseres Lebens besteht nicht allein darin, die Wahrheit zu kennen – die Wahrheit muss zum Dreh- und Angelpunkt unseres Lebens werden.

Es ist nicht in erster Linie Sinn und Zweck der Gemeinde, den Menschen zu dienen – ihr Auftrag ist es vielmehr, darum zu ringen, dass jeder Einzelne in das Ebenbild Christi verwandelt wird. Auftrag des apostolischen und prophetischen Dienstes ist es, dieses eine Ziel den anderen Ämtern in der Gemeinde beständig vor Augen zu halten, denn um nichts anderes geht es in jeder Art von geistlichem Dienst: Wir müssen unermüdlich darum ringen, dass die Menschen in Jesus zur Vollendung kommen.

Wie steht es um unsere Arbeit im Reich Gottes, wenn wir sie in diesem Licht betrachten? Die Frucht unseres Dienstes lässt sich sehr leicht daran ablesen, wie die Menschen, denen wir dienen, im Alltag leben. Wie benehmen sie sich in ihrer Familie? Wie treten sie an ihrem Arbeitsplatz auf? Wie langmütig, wie liebevoll, wie freundlich verhalten sie sich beim Einkaufen oder im Strassenverkehr? Was tun sie, wenn niemand ihnen zuschaut? Werden diese Menschen Jesus Stück für Stück immer ähnlicher? Dies ist der Massstab, nach dem wir unser Leben beurteilen sollten. Sind wir Jesus heute ähnlicher als noch vor einem Jahr? Können wir dies auch von den Menschen sagen, denen wir dienen?

In der Kirchengeschichte finden wir viele Parallelen zur Geschichte des Volkes Israel, so wie sie in der Bibel berichtet wird. Es ist ein beständiger Kreislauf von Erweckung und Befreiung, gefolgt von Phasen der Apathie, des Abfalls, der Versklavung, bis irgendwann wieder Erweckung und Befreiung passieren und der Kreislauf von neuem beginnt. Geistliche Apathie führte in aller Regel dann zum Abfall von Gott, wenn die Rituale, die eine Wahrheit symbolisierten, selbst an die Stelle der Wahrheit traten oder wenn, wie wir es heute häufig finden, Programme als Ersatz für das Leben Jesu in unserer Mitte dienen. Rituale haben durchaus ihren Platz, und Programme sind gut und richtig, solange sie nicht an die Stelle des eigentlich Wichtigen treten. Jede grössere Krise, der sich die Gemeinde im Laufe ihrer Geschichte gegenübersah, und wahrscheinlich auch jede Krise, die wir in unserem eigenen Leben durchmachen, steht letztlich in irgendeinem Zusammenhang damit, dass wir von unserer höchsten Berufung, nämlich in das Ebenbild Jesu verwandelt zu werden, abgewichen sind. Jeder Dienst im Reich Gottes, bei dem es nicht in allererster Linie darum geht, dass Menschen dem Bild Jesu gleichgestaltet werden, hat sein eigentliches Ziel verfehlt.

Nachdem der Apostel die entscheidende Frage des Fundaments geklärt hat, spricht er nun, in den Versen 21 und 22, darüber, wie der Bau vom Tempel des Herrn vollendet wird:

… auf welchem der ganze Bau ineinander gefügt wächst zu einem heiligen Tempel in dem Herrn. Durch ihn werdet auch ihr miterbaut zu einer Wohnung Gottes im Geist.

Paulus macht hier deutlich, dass wir nicht automatisch zu einem Tempel des Herrn werden, sondern langsam heranwachsen. Wie vollzieht sich nun dieser Prozess? Zunächst bedeutet es, dass wir mit anderen Gläubigen zusammengefügt werden müssen. Die Frage, inwieweit unser Leben mit dem Leben anderer Christen verwoben ist, ist ein sicherer Indikator dafür, ob wir beim Bau des Tempel mit von der Partie sind. Die Kirche ist nicht einfach ein Haufen lebendiger Steine, sie besteht vielmehr aus lebendigen Steinen, die jeweils an der richtigen Stelle eingepasst und einzementiert werden. Geschieht das in der Gemeinde, zu der wir gehören? Und wenn nicht – warum nicht?

Die Gemeinde Jesu besteht nicht aus Zusammenkünften, sie besteht aus Menschen, die ihr Leben miteinander teilen. Wenn wir wiedergeboren sind und zu einem Teil der neuen Schöpfung Gottes werden, dann ist es ganz normal, wenn unsere Identität immer stärker durch die Zugehörigkeit zu dieser neuen Schöpfung geprägt wird und unsere natürlichen Bindungen nach und nach an Bedeutung verlieren. Natürliche Familien haben die Tendenz, sich mit der Zeit auseinander zu leben, auch wenn man sich immer wieder einmal trifft, um die Familienbande aufrechtzuerhalten und das Zusammengehörigkeitsgefühl zu stärken. Die Familie Gottes jedoch begegnet sich nicht nur an Feiertagen und zu besonderen Gelegenheiten – wir versammeln uns beständig. Wir treffen uns, um immer näher zusammenzuwachsen und unser Leben immer intensiver miteinander zu teilen. So wachsen wir zu dem Tempel heran, der wir nach Gottes Bauplan werden sollen.

Unsere Zusammenkünfte innerhalb der Gemeinde sollten eine Zeit sein, in der wir Beziehungen miteinander aufbauen und vertiefen. Dies beinhaltet mehr, als im Gottesdienst zwei Minuten lang aufzustehen und einander zu begrüssen. Es reicht auch weit über ein Picknick im Grünen oder ein gelegentliches Gemeindefest hinaus, so hilfreich solche Zusammenkünfte auch sein mögen. Der Tempel Gottes ist dazu bestimmt, für jeden Einzelnen von uns weitaus bedeutungsvoller zu werden als sonst irgendeine menschliche Beziehung auf der Welt.

Wie können wir unsere Zusammenkünfte so gestalten, dass sie nicht nur Orte der Massenfütterung sind, sondern wirklich dazu beitragen, uns als Menschen aufs Engste miteinander zu verbinden? Es gibt sicher eine Fülle von praktischen Möglichkeiten, uns diesem Ziel zu nähern. Doch bevor wir uns den praktischen Schritten zuwenden können, muss zunächst die Vision in unserem Herzen brennen. Das wahre Leben der Gemeinde Jesu ist eine Beziehungskultur, die so wunderbar, so bestechend, so echt und so kraftvoll ist, dass jeder, der sie erlebt, unweigerlich von einem tiefen Staunen erfüllt wird. Wenn wir die Realität dessen erst einmal geschmeckt haben, dann werden wir gar nicht genug davon bekommen können.

Jedes Treffen in der Gemeinde sollte eine Erfahrung sein, die uns aufbaut und mit anderen zusammenfügt, so dass wir uns nicht nur als Einzelne weiterentwickeln, sondern auch aufeinander zu wachsen. Noch bevor dieses Zeitalter zu Ende geht, wird diese wahre Form der Gemeinde, so wie sie eigentlich gedacht war, in dieser Welt sichtbare Wirklichkeit werden. Sie wird ein Gemeinwesen innerhalb der Gesellschaft werden, die die tiefste und reichste Form menschlichen Zusammenlebens verkörpert, die es auf dieser Erde je gegeben hat.

Was jedoch noch weitaus grösser und bedeutsamer sein wird, ist die Tatsache, dass wir der Tempel des Herrn sein werden und er in unserer Mitte ist. Nichts bindet unsere Herzen stärker zusammen, als miteinander die manifeste Gegenwart Gottes zu erleben. Der Herr selbst ist der Zement, der diesen Tempel zusammenhält. Wichtiger noch, als einander näher zu kommen, ist es, dass wir ihm näher kommen. Indem wir ihm näher kommen, kommen wir auch einander näher.

TEIL III

Eine wachsende Vision

Bibelarbeit zum Epheserbrief
Kapitel 3

Kapitel 16

Eine allumfassende Vision

Wir sind nun an einem wichtigen Punkt unserer Reise durch den Epheserbrief angelangt. In den ersten beiden Kapiteln gab uns der Apostel Paulus gewissermassen den groben Rahmen einer herrlichen und umfassenden Vision unserer Berufung als Christen. In den verbleibenden Kapiteln des Briefes führt er aus, wie wir dieses Ziel erreichen können. Wir setzen unsere Betrachtung nun mit Epheser 3,1-6 fort:

> *Deshalb sage ich, Paulus, der Gefangene Christi Jesu für euch Heiden – ihr habt ja gehört, welches Amt die Gnade Gottes mir für euch gegeben hat: Durch Offenbarung ist mir das Geheimnis kundgemacht worden, wie ich eben aufs Kürzeste geschrieben habe. Daran könnt ihr, wenn ihr's lest, meine Einsicht in das Geheimnis Christi erkennen. Dies war in früheren Zeiten den Menschenkindern nicht kundgemacht, wie es jetzt offenbart ist seinen heiligen Aposteln und Propheten durch den Geist; nämlich dass die Heiden Miterben sind und mit zu seinem Leib gehören und Mitgenossen der Verheissung in Christus Jesus sind durch das Evangelium ...*

Viele meinen, dieses Geheimnis sei einfach zu verstehen und gehöre quasi zum christlichen Basiswissen. Wenn wir jedoch die gesamte Kirchengeschichte bis auf den heutigen Tag hin genauer betrachten, dann müssen wir feststellen, dass nur sehr wenige

Christen wirklich erkannt haben, was es bedeutet, dass die Heiden in den Leib Jesu eingepfropft wurden und auf diese Weise zu Miterben der Verheissungen Gottes geworden sind. Es ist wohl keine Frage, dass die Gemeinde Jesu heute ganz anders dastehen würde, wenn sie dieses Geheimnis wirklich verstanden hätte. Es kommt jedoch die Zeit, in der sie eine Offenbarung dieser Zusammenhänge bekommen wird, und wenn es erst einmal so weit ist, werden wir radikale Veränderungen erleben.

Als der Herr begann, mit der Berufung Abrahams seinen Heilsplan zu verwirklichen, kündigte er an, dass die Nachkommenschaft Abrahams so zahlreich sein würde wie der Sand am Meer und wie die Sterne am Himmel. Mit diesen beiden Bildern ist angedeutet, dass diese Nachkommenschaft sowohl irdischer als auch himmlischer Natur sein würde. Weil wir dies nicht verstanden haben, gibt es nach wie vor erhebliche Verwirrung darüber, welche Rolle Israel und die Gemeinde in der Endzeit spielen werden. Manche Leute vertreten die Auffassung, alle Verheissungen im Wort Gottes, die auf Israel gemünzt sind, gelten nun ausschliesslich für die Gemeinde. Andere wiederum meinen, dass Israel am Ende der Zeiten an die Stelle der Gemeinde treten würde. Beides ist nicht zutreffend. Gott hatte von Anfang an die Absicht, Abraham sowohl eine natürliche als auch eine geistliche Nachkommenschaft zu geben – und die Vereinigung der beiden sollte allen Nationen zum Segen werden.

Der Heilsplan Gottes sollte Schritt für Schritt erweitert werden, bis er einmal die Menschen aller Stämme und Nationen einschliesst, die sich ihm zuwenden wollen. Am Anfang stand der Bund Gottes mit einem Menschen, Abraham. Danach schloss Gott einen Bund mit einem ganzen Volk, der natürlichen Nachkommenschaft Abrahams. Später erweiterte Gott seinen Bund, so wie er es Abraham verheissen hatte. Fortan waren alle Menschen auf der Erde in den Bund Gottes eingeschlossen. Das Kreuz reisst alle Schranken und Grenzen nieder, die zwischen Menschen stehen, so dass der Zugang zum Heil allen gleichermassen offen steht. Jesus ist wahrhaftig der Erlöser der ganzen Menschheit.

Es ist ganz entscheidend, dass wir begreifen, dass jeder Mensch, egal welcher Herkunft, Zugang zu diesem Bund des Heils hat. In aller Regel haben wir Christen damit keinerlei theologische Schwierigkeiten. Was bei vielen jedoch fehlt, ist ein grundlegendes Verständnis der Rolle Israels im Plan Gottes. Israel war einmal von der Wurzel getrennt, doch nun wird es wieder eingepfropft. Auch unter der wachsenden Zahl von Juden, die sich zum Glauben an Jesus bekennen, verstehen viele Menschen diese Zusammenhänge nicht. Aber wie können diese beiden Gruppen nun gemeinsam zu „Miterben“ und Teilhabern des einen Bundes werden? Müssen sich alle Menschen, die sich aus dem Judentum bekehren, der Gemeinde anschliessen? Oder muss die Gemeinde nun selbst Teil der messianischen Bewegung werden?

Die Antwort darauf ist „weder noch“ und „sowohl als auch“. Ich sage das nicht, weil ich Sie verwirren will, sondern weil beide Aussagen in gewissen Aspekten ihre Gültigkeit haben, aber eben nicht in allen. Auf beiden Seiten wird diese Frage inzwischen zunehmend kontrovers diskutiert. Dieses wachsende Interesse wird dazu führen, dass irgendwann Antworten gefunden werden, die zu einer Brücke zwischen beiden Lagern werden können, bis wir schliesslich das werden, wozu wir eigentlich berufen sind – ein Leib.

Gegenwärtig ist weder die Gemeinde noch die messianische Bewegung das, was sie ihrer Berufung nach sein sollte. Beide brauchen einander, um zur Vollendung zu gelangen. Vielerorts herrscht noch immer die so genannte Ersatztheologie vor, wonach die Gemeinde im Heilsplan Gottes an die Stelle Israels getreten ist. Wieder andere scheinen einen Standpunkt zu vertreten, den ich hier einmal als „Ersatz-Ersatztheologie“ bezeichnen möchte. Ihrer Auffassung nach wird das jüdische Volk zu einem späteren Zeitpunkt wieder an die Stelle der Gemeinde treten. Beide Seiten werden dem „Geheimnis Christi“ nicht gerecht, doch zu gegebener Zeit wird sich dieses Missverständnis aufklären.

Ein zentrales Ziel, auf das die Dinge nach dem Erlösungsplan Gottes ohne jeden Zweifel zusteuern, ist die Integration. Gott möchte nicht nur, dass die Geschlechter der Erde gesegnet werden. Er *„will, dass alle Menschen errettet werden und zur Erkenntnis der Wahrheit kommen." (1. Timotheus 2,4; Elberfelder)* Jede Lehre, die ein exklusives Verständnis bezüglich des Bundes vertritt, sollte uns sofort misstrauisch machen. Wer das Geheimnis, von dem Paulus hier spricht, wirklich verstanden hat, der wird für eine Gemeinschaft zwischen Juden- und Heidenchristen eintreten, in der beide gleichermassen Teilhaber des neuen Bundes sind.

Diese Gemeinschaft hat freilich nichts mit Gleichmacherei zu tun. Wenn ich in Einheit mit meiner Frau lebe, dann bedeutet das auch nicht, dass sie dadurch mehr und mehr zu einem Mann wird, sondern dass wir einander in unserer Unterschiedlichkeit, so wie Gott uns als Mann und Frau geschaffen hat, wertschätzen und ergänzen. Wir werden dieses „Geheimnis Christi" nicht verstehen, indem wir Juden zu Heiden machen oder Heiden zu Juden, sondern indem wir beginnen, einander zu achten und von den besonderen Eigenarten des anderen zu lernen.

Selbst Petrus, den Gott dazu gebrauchte, um den Heiden die Tür des Glaubens aufzuschliessen, hatte Mühe damit zu verstehen, wie er sich den Heiden gegenüber verhalten sollte. In Antiochien musste er es sich sogar gefallen lassen, von Paulus in aller Öffentlichkeit gerügt zu werden. Diese Unsicherheit im Umgang miteinander scheint bis heute auf beiden Seiten nicht wirklich gelöst zu sein. Es bräuchte sicherlich ein ganzes Buch, um der Thematik auch nur ansatzweise gerecht zu werden. An dieser Stelle bleibt uns nur festzustellen, dass dieses Geheimnis für die meisten scheinbar ein Geheimnis bleibt. Dennoch muss es irgendwann gelüftet werden, wenn Juden wie auch Heiden ihre Bestimmung in Christus erlangen sollen. Eines sollten wir jedoch schon heute festhalten: Wir müssen uns vor Menschen und Lehren in Acht nehmen, die eine der beiden Seiten ausschliessen wollen; und wir dürfen uns keine Identität zu Eigen machen, die nach dem Fleisch ist und nicht nach dem Geist. Wir wollen uns vielmehr danach ausstrecken, den Auftrag zu ergreifen, der uns in 2. Korinther 5,16-21 gegeben wird:

Darum kennen wir von nun an niemanden mehr nach dem Fleisch; und auch wenn wir Christus gekannt haben nach dem Fleisch, so kennen wir ihn doch jetzt so nicht mehr. Darum: Ist jemand in Christus, so ist er eine neue Kreatur; das Alte ist vergangen, siehe, Neues ist geworden. Aber das alles von Gott, der uns mit sich selber versöhnt hat durch Christus und uns das Amt gegeben, das die Versöhnung predigt. Denn Gott war in Christus und versöhnte die Welt mit sich selber und rechnete ihnen ihre Sünden nicht zu und hat unter uns aufgerichtet das Wort von der Versöhnung. So sind wir nun Botschafter an Christi Statt, denn Gott ermahnt durch uns; so bitten wir nun an Christi Statt: lasst euch versöhnen mit Gott! Denn er hat den, der von keiner Sünde wusste, für uns zur Sünde gemacht, damit wir in ihm die Gerechtigkeit würden, die vor Gott gilt.

Manchmal hat es sein Gutes, wenn wir Menschen dabei helfen, sich mit ihrem Erbe zu versöhnen. Dies ist eine Art und Weise, wie wir unsere Väter und Mütter ehren können. Dennoch geht es uns nicht in erster Linie darum, die Menschen mit ihrem Erbe zu versöhnen, sondern mit Gott. Wir dürfen uns nicht um irgendwelcher Nebensächlichkeiten willen vom Wesentlichen ablenken lassen, weder durch bestimmte Menschen noch durch Lehrmeinungen. Es gibt keine Versöhnung mit unserer Vergangenheit, Gegenwart oder Zukunft, solange wir nicht zuerst mit Gott versöhnt sind. Ist die Versöhnung mit Gott einmal geschehen, wird sich alles andere finden.

Kapitel 17

Kraft zur Gnade

In unserer Bibelarbeit zum Epheserbrief wollen wir uns nun drei Versen zuwenden, in denen uns Paulus einen besonderen Einblick in sein Herz und in seine Arbeit gewährt:

> *... dessen Diener ich geworden bin durch die Gabe der Gnade Gottes, die mir nach seiner mächtigen Kraft gegeben ist. Mir, dem Allergeringsten unter allen Heiligen, ist die Gnade gegeben worden, den Heiden zu verkünden den unausforschlichen Reichtum Christi und für alle ans Licht zu bringen, wie Gott seinen geheimen Ratschluss ausführt, der von Ewigkeit her verborgen war in ihm, der alles geschaffen hat ...*

Paulus war in allererster Linie ein Diener des Evangeliums. Alles in seinem Leben war darauf ausgerichtet, anderen den unerforschlichen Reichtum Christi zu verkünden. Ganz gleich, welchen Brief wir von Paulus lesen, es fällt immer wieder ins Auge, dass er beständig von einem tiefen Staunen über die Gnade Gottes ergriffen gewesen sein muss. Es mag diese tiefe Leidenschaft gewesen sein, die bewirkte, dass ausgerechnet Paulus, der niemals das Vorrecht gehabt hatte, Jesus zu dessen Lebzeiten als Jünger zu begleiten, derjenige war, der von allen Aposteln am meisten Frucht hinterlassen hat. Er war zwar noch kein Jünger Jesu, als dieser in Fleisch und Blut auf der Erde weilte, aber es gibt wohl nur wenige Menschen, die dem Herrn im Geist enger verbunden gewesen wären. Paulus, dem so unendlich viel vergeben worden war, liebte Jesus offenbar inniger als viele andere.

Paulus war wie nur wenige andere davon beseelt, den Herrn besser kennen zu lernen. Es war sein grosses Anliegen, jenen geheimen Ratschluss Gottes, der bis dahin verborgen gewesen war, *„für alle ans Licht zu bringen"*. Er lebte, um die Herrlichkeit des einen Gottes bekannt zu machen, der sein Herz ergriffen hatte. Dies ist Paulus ganz ohne Frage gelungen. Was seine klare und unmissverständliche Darstellung des Evangeliums von der Gnade Gottes anbelangt, so reicht einfach keiner an ihn heran. Paulus war so herausragend, dass er auch heute noch zu den gebildetsten Gelehrten zählen würde.

Man könnte behaupten, dass die Briefe des Paulus die vielleicht kraftvollsten Briefe sind, die jemals geschrieben wurden. Unzählige Millionen von Menschen haben durch die glasklare Darstellung des Evangeliums in den Briefen des Paulus zu Jesus gefunden. Im Kanon der Heiligen Schrift sind sie für alle Zeiten festgehalten. Es ist möglich, ja sogar wahrscheinlich, dass kein Mensch im Himmel so reiche Frucht haben wird wie Paulus. Und dennoch bezeichnet er sich selbst als den *„Geringsten von allen im Volk Gottes"*. Wie war das möglich?

Die Bekehrung des Paulus geschah einzig und allein durch die Gnade Gottes. Er war ein berüchtigter Gegner der Gemeinde gewesen, der die Christen mit der ganzen Glut seiner jugendlichen Leidenschaft hasste. Als eingefleischter Pharisäer hatte er in seinem Denken in einem direkten Konflikt mit der Wahrheit gestanden. Paulus wusste, dass er sich sein Apostelamt nicht selbst zugute halten konnte. Alles, was er war, verdankte er der Gnade und Barmherzigkeit Gottes. Dies hat er niemals aus den Augen verloren, und nicht zuletzt deshalb ist er bis heute der unerreichte Vorkämpfer des Evangeliums von der Gnade Gottes.

Paulus war auch einer der brillantesten Köpfe seiner Zeit, vielleicht sogar aller Zeiten überhaupt. Dennoch wusste er nur zu gut, dass die Wahrheit, die er besass, ein unverdientes Geschenk der Gnade und Barmherzigkeit Gottes war. Menschliche Erkenntnis aus sich heraus wird niemals irgendjemanden zur Erlösung führen. Dem Menschen ist zwar die nötige Intelligenz gegeben, um Gott wahrzunehmen und zu erkennen, aber er kann diese Erkenntnis niemals aus sich selbst heraus gewinnen – Gott muss sich ihm offenbaren. Weil Satan aufgrund seines Stolzes zu Fall gekommen ist, bedarf es einer Haltung der Demut, den Fall umzukehren und unsere Herzen vor unserem Schöpfer zu öffnen. Paulus war sich dieser Zusammenhänge bewusst, wie nur wenige andere vor ihm und nach ihm.

In Jakobus 4,6 lesen wir: *„Gott widersteht den Hochmütigen, aber den Demütigen gibt er Gnade."* Am Beispiel von Paulus demonstrierte der Herr, wie selbst seine ärgsten Feinde zu ihm zurückkommen und Hilfe finden können, wenn sie nur bereit sind, ihren Stolz abzulegen und sich zu demütigen. Paulus selbst ist ein Beispiel dafür, wie erstaunlich die Gnade Gottes wirkt. Paulus lebte bis zum Ende seiner Tage aus dieser Gnade Gottes heraus, weil er niemals vergass, welch eine Barmherzigkeit ihm Gott erwiesen hatte. Deshalb war er so demütig, sich selbst ernsthaft als den Unwürdigsten aller Heiligen anzusehen. Alles, was er im Laufe seines Lebens vollbringen durfte, schrieb er allein Gott zu. Aus diesem Grunde konnte Gott ihm auch jenes aussergewöhnliche Mass an Kraft anvertrauen, das er für seine Aufgabe benötigte.

Interessanterweise zeichnete sich Paulus zu Anfang seines Dienstes nicht unbedingt durch ein besonderes Mass an Demut aus. Auch in seinen Briefen kann man eine Entwicklung hin zu einer immer grösseren Demut erkennen. In einem seiner frühesten Briefe macht er deutlich, dass er sich nicht für geringer hält als selbst die ranghöchsten Apostel. Ein paar Jahre später jedoch hatte sich seine Einstellung gewandelt, und er bezeichnete sich als *„den Geringsten unter den Aposteln" (1. Korinther 15,9).* Im Epheserbrief geht er sogar noch weiter und nennt sich selbst den Geringsten von allen Heiligen. In einem seiner letzten Briefe, der noch etwa fünf Jahre später verfasst wurde, spricht Paulus schliesslich von sich selbst als dem *„Ersten aller Sünder" (1. Timotheus 1,16; Einheitsübersetzung).*

Paulus hat in der Tat mehr gearbeitet als alle übrigen Apostel;

und man darf vielleicht sagen, dass er auch die meiste Frucht gebracht hat. Durch seine Briefe trägt er möglicherweise bis heute so viel Frucht wie alle anderen christlichen Werke unserer Tage zusammengenommen. Dennoch wurde er immer demütiger, je mehr Vollmacht und Frucht er in seinem Dienst entfaltete. Paulus ist ein seltenes und überaus erstaunliches Beispiel dafür, dass geistliche Reife mit zunehmender Demut einhergeht. Nur durch die Umkehrung dessen, was den Sündenfall auslöste, werden wir in eine intime Beziehung mit Gott zurückgebracht.

Nochmals: Gott widersteht den Stolzen und gibt den Demütigen seine Gnade. Aus diesem Grunde werden Menschen, die zu jener wahren geistlichen Reife gelangen, die wir auch als Frucht der Gnade Gottes in unserem Leben bezeichnen können, zunehmend demütiger sein. Es geht allein um die Gnade, und deshalb wird jeder, der Gottes Gnade in seinem Leben sucht, sich auch nach der Demut ausstrecken. Ist Gnade und Demut ein Ziel, das uns bewusst vor Augen steht?

Wie wäre es, wenn wir es uns zum Anliegen machten, andere aufzubauen und uns selbst zurückzunehmen, anstatt uns immer als grossartig und erfolgreich darzustellen? Dies würde unser Leben zweifelsohne ziemlich radikal verändern. In der Schrift werden wir immer wieder dazu ermahnt, uns zu demütigen. Es gibt nicht einen einzigen Vers, der uns dazu auffordert, uns selbst zu erhöhen. Die Bibel macht vielmehr unmissverständlich klar, dass wir dies dem Herrn überlassen sollen. In Lukas 14,11 sagt Jesus: *„Denn wer sich selbst erhöht, der soll erniedrigt werden; und wer sich selbst erniedrigt, der soll erhöht werden."* Könnte nicht jeder von uns spontan eine ganze Reihe von Beispielen nennen, wo Gemeinden und christliche Werke sich selbst ins Rampenlicht stellten und schliesslich irgendwann ein trauriges Ende nahmen?

Wenn wir mehr für andere beten und endlich anfangen würden, die Dinge hervorzuheben, die Gott durch andere tut, statt durch uns selbst, dann könnte Gott uns erhöhen. Es ist jedenfalls klar, dass unsere Aufgabe darin besteht, uns selbst zu demütigen, und dass es Gottes Aufgabe ist, uns herauszuheben, wo und in welcher Weise auch immer es nötig ist. Wenn wir dies zu einem Grundsatz unseres Lebens machen würden, dann könnte Gott uns weit mehr Kraft und echte geistliche Autorität anvertrauen, damit wir Frucht bringen, die Bestand hat.

Kapitel 18

Als Zeugen vor Mächten und Gewalten

Im letzten Kapitel haben wir das Geheimnis der Gnade Gottes betrachtet, das in Jesus offenbar wurde und das Paulus verkündet hat. Der nächste Vers, Epheser 3,10, zeigt uns einen weiteren, wichtigen Grund auf, warum wir die Gnade ins Zentrum unserer Aufmerksamkeit rücken müssen:

> *... damit jetzt kundwerde die mannigfaltige Weisheit Gottes den Mächten und Gewalten im Himmel durch die Gemeinde.*

Die allermeisten Christen lernen schon bald nach ihrer Bekehrung, wie sie ihren Glauben vor anderen Menschen bezeugen können. Doch wer hat jemals etwas davon gehört, dass wir auch dazu berufen sind, vor den Mächten und Gewalten der Himmelswelt Zeugnis abzugeben? Und wie soll so etwas überhaupt möglich sein?

Seit dem Sündenfall konnte Satan sich brüsten, dass der Mensch, die Krone der Schöpfung Gottes, immer das Böse erwählen wird, wenn man ihn vor die Wahl zwischen Gut und Böse stellt. Auch nach der Kreuzigung Jesu brüstet sich der Böse und behauptet, Gott könne den Menschen zwar ihre Verfehlungen vergeben, den Zustand ihrer Herzen könne er jedoch nicht ändern. Er führt sogar die Gemeinde als Beleg dafür an, dass die Menschen den Methoden Satans immer den Vorrang geben werden, wenn man ihnen die Wahl zwischen Gottes und Satans Wegen überlässt. Vor dem Ende der Zeit wird es jedoch eine Gemeinde ohne Flecken und Makel geben, deren Herz unverdorben ist. Sie wird der ganzen Schöpfung gegenüber – einschliesslich der Mächte und Gewalten in der unsichtbaren Welt – ein für alle Mal den Beweis erbringen, dass das Gute am Ende das Böse überwindet.

Momentan brüstet sich Satan noch immer damit, dass die ersten Menschen die Sünde erwählten, obwohl sie in einer vollkommenen Welt lebten. Die Braut des zweiten Adams jedoch, die Braut Christi, lebt in einer durch und durch unvollkommenen Welt. Dennoch wird sie am Ende den Gehorsam Gott gegenüber erwählen, ganz gleich, wie sehr ihr der Teufel und seine Horden auch widerstehen und welche Opposition ihr die gefallene Menschheit entgegenbringen mag. Sie wird kompromisslos für die Wahrheit und Gerechtigkeit Gottes einstehen, und sie wird die Macht des Bösen durch die Kraft des Lichtes, die ihr gegeben ist, zurückdrängen.

Wenn die Gemeinde erst einmal dahin gelangt, so zu leben, dann werden Himmel und Hölle und die ganze Welt die strahlende Schönheit der Heiligkeit erkennen, die durch die Gemeinde Gottes offenbart wird. Die Menschen der Welt werden sehen, was wir Menschen nach Gottes Plan immer sein sollten. Die verwandelte Gemeinde wird eine solche Anziehungskraft besitzen, dass sich alle zu ihrem Licht hingezogen fühlen werden, weil sie spüren, dass dieses Leben unsere eigentliche Bestimmung ist. Die Frauen der Welt werden die Würde und Anmut der geheiligten Frauen in der Gemeinde sehen, und es wird ihnen bewusst werden, dass dies die Qualität von Leben ist, die auch ihnen von Anfang an zugedacht war. Selbst die Mächte und Gewalten werden von Staunen erfüllt angesichts der wunderbaren Schönheit der Heiligkeit, die sich in der Gemeinde manifestiert. All dies wird eine umso grössere Strahlkraft besitzen, als es in einer überaus dunklen Zeit geschehen wird.

Hier liegt unsere eigentliche Bestimmung. Der Herr hat uns nicht nur von den Konsequenzen der Sünde errettet, sondern von der Sünde selbst. Wenn seine Erlösung in unserem Leben voranschreitet, dann werden wir ihm in jeder Hinsicht immer ähnlicher werden. Dies ist eines der zentralen Anliegen des Epheserbriefs, und das wird im Zuge unserer Betrachtungen immer klarer hervortreten.

Es ist überaus bedrückend zu sehen, wie die Welt immer mehr in tiefste Dunkelheit verfällt und wie selbst die Gemeinde mit in den Strudel hineingerissen zu werden scheint. Dennoch dürfen wir die Gewissheit haben, dass es viele Tausende gibt, die diesem Trend widerstehen. Sie wachsen beständig in der Gnade und Erkenntnis des Herrn; und wenn sie einmal vor der Welt offenbar werden, dann wird dies nicht nur alle Welt in Erstaunen versetzen, es wird die ganze Himmelswelt erschüttern. Der Herr mahnt uns durch den Propheten Jesaja:

> *Mache dich auf, werde licht; denn dein Licht kommt, und die Herrlichkeit des HERRN geht auf über dir! Denn siehe, Finsternis bedeckt das Erdreich und Dunkel die Völker; aber über dir geht auf der HERR, und seine Herrlichkeit erscheint über dir. Und die Heiden werden zu deinem Lichte ziehen und die Könige zum Glanz, der über dir aufgeht. Hebe deine Augen auf und sieh umher: Diese alle sind versammelt und kommen zu dir. Deine Söhne werden von ferne kommen und deine Töchter auf dem Arme hergetragen werden. Dann wirst du deine Lust sehen und vor Freude strahlen, und dein Herz wird erbeben und weit werden, wenn sich die Schätze der Völker am Meer zu dir kehren und der Reichtum der Völker zu dir kommt. (Jesaja 60,1-5)*

Im Epheserbrief heisst es im nächsten Vers, Epheser 3,11: *„Diesen ewigen Vorsatz* (dass wir vor Mächten und Gewalten als Zeugen auftreten sollen) *hat Gott ausgeführt in Christus Jesus, unserem Herrn…"* Dieser Teil unserer Berufung scheint Gott sehr wichtig zu sein, und deshalb müssen wir anfangen, ihn ernst zu nehmen. Wir müssen uns bewusst sein, dass die Dinge, die wir hier auf der Erde tun, nachhaltige Konsequenzen in der geistlichen Welt haben. Je mehr wir in Jesus an unserem geistlichen Menschen reifen, desto vertrauter und realer sollte uns das Zusammenwirken der irdischen und der himmlischen Welt werden. Der wichtigste Aspekt des Ganzen wird uns jedoch in Vers 12 offenbart:

> *... durch den wir Freimut und Zugang haben in aller Zuversicht durch den Glauben an ihn.*

Freimut und Zuversicht im Umgang mit dem Vater haben freilich nichts mit Arroganz und Hochmut zu tun. Unsere Zuversicht und unser Freimut gründen sich immer auf das Blut Jesu, nicht auf unsere eigene Gerechtigkeit. Es geht nicht einmal darum, wer „wir in Christus" sind, sondern vielmehr wer „er in uns" ist. Wenn unsere Zuversicht sich aus unseren eigenen Leistungen oder aus unserem Status nährt, dann stehen wir in der Gefahr, tief zu fallen. Stolz wird uns am Ende immer zu Fall bringen. So erging es auch dem „Mächtigen, der in der Luft herrscht", und den bösen Gewalten der Finsternis, die mit ihm gefallen sind. Allein die Tatsache jedoch, dass wir dem Vater so wichtig sind, dass er uns jederzeit freien Zugang zu sich gewährt, und dass es uns dabei dennoch gelingt, demütig zu bleiben – in dem Bewusstsein, dass unsere Gerechtigkeit und unser Status allein auf dem Blut Jesu beruhen –, ist schon ein deutliches Signal für die Mächte der geistlichen Welt. Im übrigen übertrifft die Kühnheit und Zuversicht, die wir aus der Realität des Kreuzes beziehen, bei weitem unsere eigene Stärke und Gerechtigkeit.

Hier müssen wir unterscheiden zwischen Stolz und Glauben, zwischen echter und falscher Demut. Stolz gründet sich auf uns selbst, wer wir in unseren eigenen Augen sind und was wir getan haben. Glaube dagegen gründet sich immer auf Gott, wer er ist und was er getan hat. Wenn Gott selbst die Quelle unserer Kühnheit und Zuversicht ist, dann werden wir niemals arrogant sein. Deshalb heisst es in 1. Korinther 13,4-5: *„Die Liebe ist langmü-*

tig und freundlich, die Liebe eifert nicht, die Liebe treibt nicht Mutwillen, sie bläht sich nicht auf, sie verhält sich nicht ungehörig, sie sucht nicht das Ihre ...“

Echte geistliche Reife schlägt sich immer in einer Kühnheit und Zuversicht nieder, die denjenigen, die Gott nicht kennen, oftmals völlig unverständlich erscheint. Dabei ist sie dennoch von jener Anmut und Würde durchdrungen, die das Kennzeichen echter Demut sind. Sie sucht nicht das Ihre und ist weder anmassend noch hochmütig. Wie sollte irgendjemand im Angesicht des Kreuzes nicht demütig werden? Wie sollte ein Mensch, der einmal erkannt hat, dass er durch Gottes Gnade tatsächlich über alle Macht und Autorität erhoben ist, im Angesicht Gottes nicht von tiefster Demut erfüllt werden? Wenn wir ihn sehen, der in der Herrlichkeit des Himmels wandelte und sich selbst erniedrigt hat, um Mensch zu werden, ganz zu schweigen von dem Leid, das er von Menschenhand erduldet hat – wie sollte uns das nicht demütig werden lassen? Wir werden deshalb demütig, weil ihm wirklich alle Ehre, alle Herrlichkeit und alle Macht gebührt. Allein der Gedanke, dass uns auch nur das Mindeste davon zustehen könnte, ist vollkommen irrwitzig. Die Begegnung mit seiner grossen Liebe jedoch hat uns mit Zuversicht und Kühnheit erfüllt!

Wir können voller Zuversicht zum Vater kommen, weil wir wissen, dass er uns liebt. Dies mag selbstverständlich klingen, aber viele Christen haben ein Bild vom Vater als dem zornigen Gott des Alten Testaments, der uns schon längst der Zerstörung preisgegeben hätte, wenn da nicht das Kreuz wäre, das uns reinigt und seinen Zorn lindert. Dabei vergessen wir, dass der Vater selbst die Welt so sehr geliebt hat, dass er seinen eingeborenen Sohn sandte, damit wir Erlösung haben können. Jesus hat uns während seines Lebens auf dieser Erde ein vollkommenes Bild des Vaters vermittelt. In seiner Barmherzigkeit mit den Sündern und Unterdrückten dieser Welt spiegelt sich die Barmherzigkeit wider, die der Vater für uns empfindet. Gott ist Liebe, und deshalb dürfen wir voller Zuversicht zu ihm kommen, in dem Wissen, dass er uns nicht nur aufnimmt, sondern sich zutiefst wünscht, dass wir uns ihm nähern.

Wenn wir erkennen, dass er uns in seiner Liebe wirklich ganz und gar von aller Sünde gereinigt hat, dann wissen wir, dass wir zu ihm kommen dürfen, unabhängig davon, wie gut oder schlecht wir früher einmal waren. Wir stehen ja nicht in unserer eigenen Gerechtigkeit, und sein Opfer am Kreuz reicht aus, um selbst die grösste Sünde aufzuwiegen. Deshalb lernen wir es, zu ihm hinzurennen, wenn wir gesündigt haben, und nicht von ihm weg. Nur bei ihm finden wir die Gnade, die wir brauchen.

Als Christen werden wir im Endeffekt daran gemessen werden, inwieweit wir willens sind, den Zugang zum Thron Gottes, der uns gewährt wurde, auch zu nutzen. Wir haben diesen Zugang, damit die Wahrheit, an die wir glauben, mehr und mehr unser Leben erfüllt. Zu Anfang kommen wir, weil wir selbst die Gnade des Vaters brauchen. Später lernen wir es, um der Bedürfnisse anderer willen zum Vater zu kommen. Je mehr wir zur Reife gelangen, desto öfter kommen wir, um einfach nur Zeit mit ihm zu verbringen. Denken Sie daran, dass wir nicht warten müssen, bis wir irgendwann einmal zur vollen Reife oder Perfektion gelangt sind, um zu ihm zu kommen, sondern wir werden verändert und gelangen zur Reife, indem wir in seiner Gegenwart sind.

Selbst der Sohn Gottes kam *„sanftmütig und von Herzen demütig“ (Matthäus 11,29).* Es ist wohl eines der eindrucksvollsten Zeugnisse, gerade auch den Mächten und Gewalten der unsichtbaren Welt gegenüber, wenn wir in der ganzen Macht und Autorität einer solch hohen Berufung leben, nämlich Söhne und Töchter Gottes, Miterben des Königs der Könige zu sein, und dabei dennoch demütig bleiben. Am Ende ist die Wiederherstellung unserer Beziehung zu Gott und unserer Beziehungen untereinander der grösste Beweis dafür, dass die Erlösung in uns wirklich zum Ziel gekommen ist.

KAPITEL 19

Bedrängnis und Herrlichkeit

Wir wollen nun weitergehen zu Epheser 3,13, einem Vers, der für viele Christen in der westlichen Welt nur schwer zu verstehen ist:

> *Darum bitte ich, dass ihr nicht müde werdet wegen der Bedrängnisse, die ich für euch erleide, die für euch eine Ehre sind.*

Es ist verständlich, dass Paulus die Epheser bittet, angesichts der Bedrängnis, die ihr Apostel durchzustehen hat, nicht die Hoffnung zu verlieren. Auf welche Weise aber litt Paulus für die Christen in Ephesus, und wie sollte ihnen dies zur Ehre gereichen? Die Antwort darauf finden wir in Apostelgeschichte 14, 21-22, wo von einer der Missionsreisen des Paulus die Rede ist:

> *... und sie predigten dieser Stadt das Evangelium und machten viele zu Jüngern. Dann kehrten sie zurück nach Lystra und Ikonion und Antiochia, stärkten die Seelen der Jünger und ermahnten sie, im Glauben zu bleiben, und sagten: Wir müssen durch viele Bedrängnisse in das Reich Gottes eingehen.*

Paulus wusste, dass die Bedrängnisse, die er zu durchleiden hatte, dazu dienten, ihm einen Zugang zum Reich Gottes zu eröffnen. Bedrängnisse sind eine Tür zum Reich Gottes. Sie zwingen uns ans Kreuz. Indem wir uns auf das Kreuz einlassen, sterben wir unserem Eigenwillen ab, und der Herr kann uns mehr Autorität anvertrauen. Dies bedeutete für Paulus nichts anderes, als dass mehr von der Herrlichkeit Gottes in seinem Leben und seinem Dienst sichtbar wurde, was ja auch den Ephesern zugute kam.

Sie erinnern sich, wie Mose den Herrn darum bat, seine Herrlichkeit sehen zu dürfen. Der Herr erwiderte, dass er sein Gesicht nicht sehen könne, aber dass er ihm seinen Rücken zeigen würde, so wie es dann auch geschah (siehe 2. Mose 33,13-23). Warum zeigte Gott Mose seinen Rücken, um ihm seine Herrlichkeit zu offenbaren? Was konnte Mose wohl auf dem Rücken Gottes sehen? Er sah die Striemen. Wie sollte das möglich sein, wo die Kreuzigung doch erst 1000 Jahre später stattfand? Denken Sie daran, dass die Werke Gottes schon vor Grundlegung der Welt vollendet waren (siehe Hebräer 4,3). Die Herrlichkeit des Herrn besteht nicht nur aus farbenprächtigen Visionen. Bis in alle Ewigkeit wird es wohl nichts geben, was die Herrlichkeit Gottes eindrucksvoller zum Ausdruck bringt als sein Leiden für uns. Deshalb zeigte Gott dem Mose seinen Rücken, als dieser ihn um eine Offenbarung seiner Herrlichkeit bat.

Dasselbe gilt für uns. Aus diesem Grunde führte Paulus, als seine apostolische Autorität in Frage gestellt wurde, nicht etwa seine Werke als Beleg an, sondern seine Leiden (siehe auch 2. Korinther 11,23-27). Und eben deshalb freuten sich auch die zwölf Jünger, als sie ausgepeitscht wurden, weil sie das Evangelium gepredigt hatten. In Apostelgeschichte 5,41 lesen wir: *„Sie gingen aber fröhlich von dem Hohen Rat fort, weil sie würdig gewesen waren, um seines Namens willen Schmach zu leiden.“*

Deshalb „ermutigte“ Paulus auch die Heiligen immer wieder, indem er sie darauf hinwies, dass sie durch Bedrängnis ins Reich Gottes eingehen müssten. Aus heutiger Sicht könnte man sich wohl kaum etwas Entmutigenderes vorstellen! Dies kommt daher, dass nur wenige Christen heutzutage etwas von echter geistlicher Autorität verstehen. Es ist ein unbegreifliches Vorrecht, dass wir würdig erachtet werden, um des Evangeliums willen zu leiden.

Jesus selbst dient uns hier als Beispiel. Wo wären wir, wenn er sich den Leiden des Kreuzes entzogen hätte? Dadurch, dass er das Kreuz erduldete, wurde der endgültige Sieg über das Böse errungen. Auch uns wurde aufgetragen, Tag für Tag unser Kreuz auf uns zu nehmen und unser Leben hinzugeben. Dies ist der einzig wahre Weg zu Herrlichkeit und Erfüllung. Jesus selbst sagt es in Matthäus 16,25 ganz deutlich: *„Denn wer sein Leben erhalten will, der wird's verlieren; wer aber sein Leben verliert um meinetwillen, der wird's finden."*

Paulus führt diesen Gedanken in Römer 5,3-5 noch weiter aus, wo er schreibt: *„... wir rühmen uns auch der Bedrängnisse, weil wir wissen, dass Bedrängnis Geduld bringt, Geduld aber Bewährung, Bewährung aber Hoffnung, Hoffnung aber lässt nicht zuschanden werden; denn die Liebe Gottes ist ausgegossen in unsere Herzen durch den Heiligen Geist, der uns gegeben ist."* Die Bedrängnisse, die die Epheser an Paulus sahen, waren ein Beleg dafür, dass Paulus selbst diese elementare Wahrheit des Glaubens ernst nahm.

Es ist eine Irrlehre und steht im krassen Widerspruch zur Schrift, wenn jemand behauptet, Jesus habe am Kreuz gelitten, um uns alles Leid abzunehmen. Es war keineswegs seine Absicht, dass wir niemals leiden müssten, sondern dass wir im Leiden überwinden. Wir können so sehr zu Überwindern inmitten des Leides werden, dass wir anfangen, „uns unserer Bedrängnisse zu rühmen", weil gerade sie für uns hervorragende Gelegenheiten sind, um über das Böse zu triumphieren. Wo blieben die Märtyrer, wenn dies nicht so wäre? Sollten sie etwa umsonst gestorben sein? Natürlich nicht. Wir müssen uns darüber klar werden, dass heutzutage vielerorts ein „anderes Evangelium" verkündet wird, ein Evangelium, das dem Kreuz in Wirklichkeit feindlich gesinnt ist. Dies ist nichts Neues, so etwas gab es bereits im ersten Jahrhundert. Wenn wir wirklich in der Wahrheit wandeln wollen, dann müssen wir auch die schwierigen Seiten der Wahrheit annehmen, so wie sie uns in der Bibel verkündet werden, und nicht so, wie wir sie gerne hätten.

In Jeremia 17,10 lesen wir: *„Ich, der Herr, kann das Herz er-*

gründen und die Nieren prüfen und gebe einem jeden nach seinem Tun, nach den Früchten seiner Werke." Und in Jeremia 20,12 heisst es: *„Und nun, Herr Zebaoth, der du die Gerechten prüfst...*" Gott prüft uns nicht, weil wir etwas falsch gemacht haben, sondern ganz im Gegenteil, weil wir Dinge richtig machen.

Jede Schwierigkeit ist eine Prüfung. Eine Prüfung ist etwas anderes als eine Versuchung. Prüfungen in der Schule sind so gemacht, dass wir sie bestehen können; wir *sollen* sie sogar bestehen und in die nächsthöhere Klasse aufrücken. Genauso dienen auch geistliche Prüfungen nur dem einen Zweck, dass wir mehr Salbung und geistliche Autorität empfangen können. Deshalb schreibt Paulus den Ephesern, dass sie angesichts seiner Bedrängnisse Mut schöpfen sollen, weil sie letztlich auch zu ihrer Verherrlichung dienen. In gewisser Weise brachte er damit zum Ausdruck: „Schaut doch nur die wunderbaren Prüfungen an, die mir auferlegt wurden! Welch eine Gelegenheit! Sie werden zu etwas Herrlichem führen, und ihr werdet Anteil daran haben, weil ihr mit mir zusammensteht."

Wie mein Freund Francis Frangipane immer so schön sagt: „Gott lässt uns nie durchfallen. Wenn wir eine Prüfung nicht bestehen, dann dürfen wir sie so lange wiederholen, bis wir sie bestanden haben." Wie wahr. Dies sind die Zeiten, in denen wir in der Wüste im Kreis herumlaufen. Wir müssen aufhören, vor den Prüfungen davonzurennen, sondern sie als die Gelegenheiten erkennen, die sie sind. Wir werden ohnehin nicht um sie herumkommen. Warum also sollten wir sie uns nicht zunutze machen? Indem wir uns unseren Prüfungen stellen und sie überwinden, nehmen wir unseren Platz im Reich Gottes ein.

Eine Armee wird nicht aufgestellt und ausgebildet, um sich am Ende vor der Schlacht zu drücken, sondern um sie zu gewinnen. Ohne Schlacht kann es keinen Sieg geben. Kämpfe sind unausweichlich, aber in 2. Korinther 2,14 macht Paulus uns Mut: *„Gott aber sei gedankt, der uns allezeit den Sieg gibt in Christus und offenbart den Wohlgeruch seiner Erkenntnis durch uns an allen Orten!*" Unsere Kämpfe erscheinen in einem ganz anderen

Licht, wenn wir wissen, dass wir gar nicht verlieren können! Diese Wahrheit müssen wir ergreifen und ausleben. Dann werden wir uns unserer Bedrängnisse rühmen und uns inmitten von Schwierigkeiten freuen können, voller Erwartung des Sieges, der uns sicher ist.

Der Titel, den Gott in der Bibel am häufigsten gebraucht, ist „Herr Zebaoth" oder „Herr der Heerscharen". Er taucht etwa zehnmal häufiger auf als jede andere Bezeichnung. Wie viele grosse Heerführer kennen Sie aus dem Geschichtsunterricht, die niemals auch nur eine Schlacht geschlagen haben? Ebenso wie die grossen Feldherren dafür berühmt sind, wie sie ihre Schlachten schlugen, so werden wir Christen in der Ewigkeit dafür bekannt sein, wie wir unsere Bedrängnisse überwunden haben.

Kapitel 20

Die Familie und der innere Mensch

In diesem Kapitel wollen wir die nächsten drei Verse betrachten, Epheser 3,14-16:

> *Daher beuge ich meine Knie vor dem Vater, nach dessen Namen jedes Geschlecht im Himmel und auf der Erde benannt wird, und bitte, er möge euch auf Grund des Reichtums seiner Herrlichkeit schenken, dass ihr in eurem Inneren durch seinen Geist an Kraft und Stärke zunehmt. (Einheitsübersetzung)*

Es ist interessant, dass Paulus dieses Thema zur Sprache bringt – jedes Geschlecht, jede Familie im Himmel und auf der Erde ist nach dem Vater benannt. Dies bedeutet also, dass es auch im Himmel Geschlechter und Familien gibt, genau wie auf der Erde. Aus dem 1. Buch Mose wissen wir auch, wie Gott Familien eingesetzt hat und dass Familien und Geschlechter die Keimzellen der Nationen waren. Auch gab Gott seine Verheissungen nicht nur einzelnen Menschen, sondern ganzen Sippen. Schliesslich sehen wir, dass in der Schrift immer wieder ein grosses Gewicht auf Geschlechterreihen gelegt wird. Daran können wir erkennen, dass unser familiäres Erbe in Gottes Augen eine grosse Bedeutung hat.

Die Beziehungen innerhalb unserer Familie sind für Gott von grosser Bedeutung. Es ist ja auch ganz offensichtlich, dass der

Teufel alles daransetzt, einzelne Familien zu zerstören und, wenn möglich, die Institution der Familie als solche zu zersetzen. Wir haben uns an anderer Stelle bereits ausführlicher mit diesem Thema befasst; aber es ist ungemein wichtig, dass wir uns dies immer wieder vor Augen halten. Wir müssen unseren Familien die Priorität einräumen, die Gott ihnen zugedacht hat. Wenn wir dies versäumen, dann haben wir in einem ganz zentralen Bereich unseres Lebens versagt.

Ich will damit keineswegs sagen, dass es nicht möglich wäre, aus vergangenen Fehlern zu lernen und einen Neuanfang zu machen. Selbst Gott hat eine Scheidung hinter sich. Im Buch Jeremia lesen wir, dass er Israel einen Scheidebrief gab. Dennoch gibt es wenige Dinge, mit denen wir Gott eine grössere Freude bereiten und dem Feind besser widerstehen können, als wenn wir unsere Familie stärken.

Wie mein guter Freund Dr. John Chacha sehr treffend bemerkte, investieren wir ungeheuere Mengen an Zeit und Geld, um die obskursten Tier- und Pflanzenarten zu retten, doch wer tut etwas, um die vielleicht am meisten bedrohte Gattung auf dieser Welt zu schützen – den Mann? Wohl kaum etwas steht in unseren Tagen so sehr im Kreuzfeuer der teuflischen Mächte wie die Männlichkeit. Männer – und in besonderer Weise Väter – werden heutzutage in jeder Fernsehserie zum Gespött gemacht. In Büchern, Filmen, ja sogar in wissenschaftlichen Lehrbüchern sehen wir immer wieder den Versuch, die Unterschiede zwischen Männern und Frauen zu verwischen. Die Ursache liegt darin, dass Gott der Vater aller Vaterschaft ist und dass es keine höhere Berufung gibt, als Vater zu sein, weil wir dabei in besonderer Weise Anteil an einer zentralen Wesenseigenschaft Gottes bekommen.

Auch das Muttersein steht im Kreuzfeuer der Angriffe des Feindes, denn ohne Mütter gibt es keine Väter. Die Gemeinde ist die Braut, die Gemahlin das Sohnes Gottes. Ihre Berufung ist es, die geistliche Mutter seiner Kinder zu sein. Der Vater mag das Haupt der Familie sein, doch die Mutter ist das Herz, der Dreh- und Angelpunkt des Familienlebens. Sie trägt das Leben aus, gebiert, nährt, schützt und verhilft dem heranwachsenden Leben, das einmal Erbe der Familie sein wird, zur Reife. Die Mütter sind die wichtigsten Lehrer, die es auf der Welt gibt. Salomo, der wohl weiseste Mensch, den es je gegeben hat, bezeugt zum Ende seiner Sammlung von Weisheitssprüchen, dass dies die Frucht der Unterweisung sei, die ihm seine Mutter mitgegeben hat (siehe Sprüche 31). Obwohl er ein Sohn des Königs David war, eines der grössten Könige in der Weltgeschichte, sagt er doch von sich selbst, er habe seine Krone von seiner Mutter empfangen (siehe Hoheslied 3,11).

Wenn wir den Vätern den ihnen gebührenden Platz einräumen, dann bedeutet dies keineswegs, dass wir die Bedeutung der Mütter schmälern. Im Gegenteil. So wie der Herr sein Leben für seine Braut niedergelegt hat, so ist es die Aufgabe der Väter, ihre Autorität in der Familie aus einer dienenden Haltung heraus wahrzunehmen. Der Herr hat Mann und Frau nicht ohne Grund ganz verschieden ausgestattet. Wir haben grundverschiedene Rollen wahrzunehmen; und wenn wir diese Unterschiede verwischen, dann zersetzen wie die Familie im Kern, ein Ziel, das offensichtlich von Anfang an ganz oben auf der Tagesordnung Satans stand.

Der letzte der drei Verse, die wir in diesem Kapitel betrachten, spricht davon, dass der Herr uns „mit seiner Kraft durch seinen Geist nach dem Reichtum seiner Herrlichkeit am inneren Menschen stärken" will. Wir erkennen daran, dass der Herr der Stärkung unseres inneren Menschen einen besonderen Stellenwert einräumt. Was würde wohl geschehen, wenn wir dies ebenso täten? Wie anders wäre es um uns bestellt, wenn wir ebenso viel Zeit damit zubringen würden, unsere Herzen zu reinigen, zu verschönern und zu nähren, wie wir es mit unserem Leib tun?

Es ist sicher etwas Gutes, dass es Sportvereine und Fitnessklubs gibt; und mir selbst würde es sicherlich nützen, etwas mehr für meinen Körper zu tun. Trotzdem tun wir besser daran, unser Hauptaugenmerk darauf zu richten, dass unser innerer Mensch erbaut wird. Unser äusserer Mensch wird unweigerlich verfallen, egal, wie sehr wir uns darum bemühen, ihn zu pflegen, unser innerer Mensch jedoch bleibt in Ewigkeit. In diesem Vers lesen wir, dass Gott den *„Reichtum seiner Herrlichkeit"* in unseren inneren Menschen investiert hat. Wie viel mehr Wertschätzung sollten wir in Anbetracht dessen unserem inneren Menschen entgegenbringen!

Mir persönlich wäre es unendlich wichtiger, die Gabe zu haben, jemanden von Krebs zu heilen oder einem Gelähmten zum Gehen zu verhelfen, als ein wenig schneller rennen oder ein paar Kilo mehr Gewicht stemmen zu können. Der Glaube, auf dem letztlich alle Gaben des Geistes beruhen, ist in gewisser Hinsicht auch ein Muskel. Je mehr wir ihn gebrauchen, desto mehr wächst er und desto mehr können wir damit anfangen. Wenn wir unseren Körper trainieren wollen, dann müssen wir die Anforderungen jedes Mal ein wenig erhöhen, sonst bleiben wir immer auf demselben Niveau stehen. Unser Wachstum im Glauben sollten wir ebenso gezielt verfolgen.

Ich hatte einmal einen Traum, in dem der Herr mir sagte, er wolle, dass ich mit meinem Glauben buchstäblich Berge versetze. Es ging dabei nicht um Berge von Problemen oder Schwierigkeiten, sondern um ganz reale Berge, wie z. B. den Mount Everest. In diesem Traum begann ich zunächst damit, Möbelstücke zu bewegen, bis ich schliesslich so weit war, dass ich Autos versetzen konnte. Ich sah, wie sie auf mein Wort hin in die Luft gehoben und versetzt wurden. Mein Glaube wuchs, bis ich am Ende in der Lage war, zu einem Berg zu sprechen: *„Heb dich auf und wirf dich ins Meer ..." (Matthäus 21,21)*, und er gehorchte mir.

Es ist mir sehr wohl bewusst, dass Telekinese in einer Reihe von Kulten und in der schwarzen Magie gängige Praxis ist; aber das ändert nichts daran, dass Jesus gesagt hat, wir würden imstande sein, Berge zu versetzen, wenn unser Glaube nur so gross ist wie ein Senfkorn. Der Herr hat mir gezeigt, dass wir in den letzten Tagen einen solchen Glauben haben werden. Ich würde mich freuen, wenn ich den Glauben hätte, zur SARS-Epidemie oder zum Ebola-Virus zu sprechen: „Halt, die Grenze dieses Landes überschreitest du nicht!", und damit seine weitere Ausbreitung aufzuhalten.

Um an diesen Punkt zu gelangen, brauchen wir geistliche Trainingsplätze, und genau dies ist die Aufgabe der Gemeinde. So sinnvoll es ist, sich körperlich fit zu halten – noch viel wichtiger ist es, seine geistlichen Muskeln zu trainieren. Um noch einmal Peter Lord zu zitieren: „Die Hauptsache ist, dass die Hauptsache die Hauptsache bleibt."

Kapitel 21

Erkenntnis, die zum Leben führt

Im Folgenden werden wir die Verse 17 bis 19 aus dem dritten Kapitel des Epheserbriefs näher betrachten:

> *... dass Christus durch den Glauben in euren Herzen wohne und ihr in der Liebe eingewurzelt und gegründet seid. So könnt ihr mit allen Heiligen begreifen, welches die Breite und die Länge und die Höhe und die Tiefe ist, auch die Liebe Christi erkennen, die alle Erkenntnis übertrifft, damit ihr erfüllt werdet mit der ganzen Gottesfülle.*

Wir lesen hier, dass wir Jesus durch den Glauben Raum in unseren Herzen geben. Haben wir somit umso mehr von Jesus in uns, je grösser unser Glaube ist? Das erscheint uns unverständlich, wenn wir die Gegebenheiten der sichtbaren Welt zum Massstab für die Gegebenheiten der geistlichen Welt machen. Aber ein solcher Rückschluss ist nicht immer möglich.

In der Apostelgeschichte sehen wir z. B, wie die Jünger die Taufe im Heiligen Geist empfangen und dann, zu anderen Gelegenheiten, wieder aufs Neue „mit dem Heiligen Geist erfüllt" werden. Heisst das nun, dass diese Menschen mehrfach im Heiligen Geist getauft wurden? Gab es vielleicht irgendwo ein Leck, durch das der Heilige Geist wieder aus ihnen entwich? Wie bereits erwähnt, dürfen wir geistliche Sachverhalte nicht primär mit unserem natürlichen Verstand betrachten, denn dann kommen wir oft nicht weit. Es handelt sich vielmehr um geistliche Wahrheiten, die uns berichtet werden, weil sie für uns wichtig sind und wir sie begreifen müssen.

Jesus bewohnt unsere Herzen durch den Glauben. Je mehr wir an ihn glauben, desto mehr wird er von unseren Herzen Besitz ergreifen. Wenn wir unsere Aufmerksamkeit wieder zunehmend anderen Dingen zuwenden, dann werden diese nach und nach den Platz Jesu in unseren Herzen einnehmen. Deshalb sollte uns jeden Tag neu daran gelegen sein, den Herrn immer klarer zu erkennen und ihm unsere volle Aufmerksamkeit zu schenken, damit er unsere Herzen immer mehr in Besitz nehmen kann. Dann wird in unserem Leben Wirklichkeit werden, wovon diese Bibelstelle spricht – wir werden zunehmend mehr *„in der Liebe eingewurzelt und gegründet"* sein. Weil „Gott Liebe ist", wird er unweigerlich seine Liebe in uns ausbreiten, wenn er in unseren Herzen Raum gewinnt.

Es ist schon bemerkenswert, dass Paulus uns nicht auffordert, „in der richtigen Lehrmeinung eingewurzelt und gegründet" zu sein. So wichtig eine solide und ausgewogene Theologie auch ist, was uns in Jesus gründet, ist Liebe. Wie Paulus schon in 1. Korinther 13 so wunderbar ausgeführt hat, können wir alle Erkenntnis haben und allen Glauben, sodass wir Berge zu versetzen vermögen, aber wenn wir dabei ohne Liebe sind, dann ist es uns zu nichts nütze! Vergegenwärtigen Sie sich diesen Sachverhalt nur einmal. Sollten wir nicht der Liebe mehr als allen anderen Dingen nachstreben? Der Liebe gehen wir nach, indem wir Gott nachstreben, der Liebe ist.

Wie unsere Textstelle bezeugt, erkennen wir *„die Breite und die Länge und die Höhe und die Tiefe",* indem wir in der Liebe eingewurzelt und gegründet werden. Man könnte diesen Satz auch anders formulieren und sagen: „Durch die Liebe gelangen wir zur Erkenntnis der Dinge." Wenn die Liebe nicht das Fundament unserer Erkenntnis ist, dann ist unsere Erkenntnis zwangsläufig verfälscht. Alle Erkenntnis, die nicht auf der Liebe beruht, ist ein Zerrbild der Wirklichkeit.

Wir werden einen Menschen nicht wirklich erkennen können, solange wir ihn nicht lieben. Ohne Liebe müssen wir ihn zwangsläufig missverstehen. Wenn wir einen Menschen lieben, dann können wir ihn auf einer tieferen Ebene verstehen, als es sonst möglich wäre. Ebenso werden wir auch ein Land nicht wirklich verstehen können, solange wir es nicht lieben. In dem Moment, in dem wir ein Land lieben, drängt es uns, es in seinen Eigenarten besser zu erfassen. Auch ein Wissensgebiet erschliesst sich uns erst dann wirklich in der Tiefe, wenn wir anfangen, es zu lieben. Die Mathematik werden wir niemals durchdringen, solange wir sie nicht lieben. Die Geschichte erschliesst sich uns erst dann in ihrer ganzen Breite, wenn wir von einer Liebe zu diesem Fach gepackt werden. Die Liebe drängt uns, alle Oberflächlichkeiten hinter uns zu lassen und in die Tiefe zu gehen. Deshalb ist die Liebe auch die Grundlage jeder wirklichen Erkenntnis, die über das Offensichtliche hinausschaut.

So und nicht anders vollziehen sich Lernprozesse, wie Gott sie sich vorstellt. In der Schule habe ich viel Stoff lernen müssen, nur um weiterzukommen. Wenn ich nicht von einer gewissen Begeisterung für ein Fach ergriffen wurde, dann blieb es stets bei ein paar Basisfakten. Ich habe gerade nur das Allernötigste gelernt und nichts davon jemals wieder gebraucht. Die Dinge jedoch, die mich interessieren, verfolge ich weiter. Deshalb spricht Jesus auch davon, dass aus „unserem Innersten" bzw. aus unserem Herzen Ströme lebendigen Wassers hervorgehen werden. Sie werden stets jenen Bereichen Ihrer Existenz die grösste Aufmerksamkeit schenken, die für Sie der Inbegriff des Lebens sind. In diesem Sinne sollte die Liebe auch die Richtschnur Ihres Lebens werden.

Wer sich von der Liebe leiten lässt, der wird niemals oberflächlich sein können. Die Liebe zwingt Sie dazu, immer noch einen Schritt weiter zu gehen und die Breite, Länge, Höhe und Tiefe zu ergründen. Deshalb lesen wir im nächsten Vers, dass die Liebe Christi alle Erkenntnis übertrifft, so dass wir „erfüllt werden mit der ganzen Gottesfülle". Wenn die Liebe zu Gott zur Richtschnur unseres Lebens wird, dann zieht es uns ohne Unterlass zu ihm hin, bis wir seine Fülle erkennen. Paulus geht also offenbar davon aus, dass wir Gott in einer so innigen Weise kennen lernen können.

Bedeutet dies, dass wir Gott tatsächlich ganz und gar durchdringen können? Das wird in diesem Vers nicht gesagt. Ich kann zum Beispiel Wasser aus dem Ozean trinken, bis ich voll davon bin; das heisst jedoch noch lange nicht, dass der ganze Ozean nun in mir wäre. Wir können so viel von der Fülle Gottes in uns aufnehmen, wie wir als Menschen zu fassen vermögen, und doch wird Gott mit seinen unermesslichen Dimensionen keineswegs voll und ganz in uns sein. Wer jedoch von Gott erfüllt ist, der gewinnt unweigerlich ein tieferes Verständnis der Dinge, als es sonst jemals möglich wäre.

Natürlich sollte die Liebe zu Gott in unserem Leben immer alles andere überragen, was sonst noch für uns von Bedeutung ist. Wenn die Liebe zu Jesus zur Richtschnur unseres Daseins wird, dann wird unser Leben nicht nur mit Wissen angefüllt sein, sondern mit echtem Leben überfliessen, weil es von Liebe erfüllt ist. Liebe ist das Fundament jeder Erkenntnis und der Weg des Lebens.

Lassen Sie uns also heute den Entschluss fassen, die Arbeit, die dieser Tag mit sich bringt, aus der Liebe zu Gott heraus zu tun, damit wir nicht nur den Menschen, die uns heute begegnen, sondern auch unserer Arbeit selbst aus seiner Liebe heraus gegenübertreten können. Wenn wir mit dieser Einstellung an unser tägliches Leben herangehen, dann werden wir erstaunt darüber sein, wie viel leichter sich uns alle Dinge erschliessen. Wir werden von einer Kraft des Lebens erfüllt sein, die auch andere berührt und sie für die wahre Liebe Gottes empfänglich macht.

Kapitel 22

Die ganze Fülle Christi in uns

Wir studieren den Epheserbrief Vers für Vers, weil Paulus uns hier mehr als in jedem anderen seiner Briefe einen Einblick gewährt, wie er die herrliche Berufung der Gemeinde Jesu versteht. Auch die Verse 20-21 aus Epheser 3, die wir in diesem Kapitel näher betrachten wollen, handeln von diesem Thema:

> *Dem aber, der über alles hinaus zu tun vermag, über die Massen mehr, als wir erbitten oder erdenken, gemäss der Kraft, die in uns wirkt, ihm sei die Herrlichkeit in der Gemeinde und in Christus Jesus auf alle Geschlechter hin von Ewigkeit zu Ewigkeit! Amen. (Elberfelder)*

Ich habe noch nie einen Christen getroffen, der nicht fest davon überzeugt gewesen wäre, dass der Herr mehr zu tun vermag, als wir erbitten oder uns vorstellen können. Die meisten Christen sind sich jedoch einfach nicht sicher, ob er es auch wirklich tun wird. Ein solcher Gedanke ist natürlich durchaus berechtigt. Es kann sicherlich kein Zweifel daran bestehen, dass der Herr seine Möglichkeiten bislang noch niemals ausgeschöpft hat. Für ihn wäre es ein Kleines, alle Krankheit auf einen Schlag auszumerzen und dafür zu sorgen, dass niemand mehr zu hungern braucht. Gottes Möglichkeiten sind grenzenlos. Er hat sich jedoch Beschränkungen auferlegt, durch die er sein Handeln an bestimmte Bedingungen knüpft.

Die Voraussetzungen, an die Gott sein Handeln geknüpft hat, haben zumeist etwas mit unserem Glauben und unserem Gehorsam zu tun. Doch auch der zweite Teil des Verses ist von ganz zentraler Bedeutung, wenn wir verstehen wollen, wie Gottes Kraft freigesetzt werden kann: Seine Fülle ist gebunden an *„die Kraft, die in uns wirkt"*. Gerade dieser Aspekt wird häufig übersehen. Es geht Gott nicht nur darum, uns seine Kraft zu offenbaren, sondern er will sie auch durch uns offenbaren. Dies ist kein Grund für uns, um selbstbezogen zu werden. Aber weil es von Anfang an Gottes höchste Absicht war, den Menschen zu seiner Wohnung zu machen, will er sich auch durch sein Volk hindurch offenbaren.

Genau aus diesem Grunde werden Menschen bis zum heutigen Tage daran gehindert, an den Herrn zu glauben. Doch in den letzten Tagen dieses Zeitalters wird sich dieser Zustand grundlegend ändern; und die sichtbare Gegenwart des Herrn inmitten seines Volkes wird zur Hauptursache dafür werden, dass sich Menschen Gott zuwenden. Die meisten Christen haben sehr wohl erkannt, warum sich der Herr durch sein Volk hindurch offenbaren will, aber es gibt doch ein ganz zentrales Missverständnis, das uns im Wege steht, so dass diese Erkenntnis in unserem Alltag keine Früchte tragen kann. Es herrscht weithin die irrige Vorstellung, dass Gott den Menschen niemals erhöht. Doch in der Bibel lesen wir immer wieder, dass er genau das tun will. Er gibt uns sogar die unmissverständliche Verheissung: *„... wer sich selbst erniedrigt, der wird erhöht." (Matthäus 23,12)*

Ist Ihnen schon einmal aufgefallen, dass diejenigen, die am meisten betonen, dass Gott den Menschen niemals erhöhen wird, oft selbst besonders arrogant sind? Ihr Stolz wird darin offenbar, dass sie sich zum Richter aller anderen erheben, vor allem derjenigen, die sich ihrer Meinung nach zu viel herausnehmen. Im Dienst für Gott gibt es wohl kaum etwas Destruktiveres als Selbsterhöhung, und der Herr hat selbst angekündigt, dass er sich solcher Vorfälle annehmen wird; aber wir sollten ihm das Richten überlassen, wenn wir nicht in eine tödliche Falle gehen wollen. Ich habe noch nie eine Schriftstelle gefunden, in der es heisst: „Demütige deinen Nächsten“, oder die uns auffordert, denjenigen, die sich etwas zu sehr „aufplustern“, mit Gewalt zu mehr Bescheidenheit zu verhelfen. Es ist überaus anmassend, wenn wir uns selbst als Richter aufspielen und uns berufen fühlen, andere zu demütigen, denn wir tun damit dasselbe, was wir dem anderen vorwerfen.

Idealismus ist ein Abkömmling des Humanismus, und die menschlichen Ideale der Demut haben mit dem Wesen, das Gott in uns hervorbringen will, normalerweise nicht viel zu tun. Als David sich durch Goliath nicht einschüchtern lassen wollte, warfen seine Brüder ihm Vermessenheit vor. Echter Glaube erscheint in den Augen derer, die im Trugbild einer falschen Demut gefangen sind, im Allgemeinen als Vermessenheit.

Nichts von dem, was uns der Herr schenkt, haben wir durch unsere eigene Güte und Gerechtigkeit verdient. Wenn wir jedoch die Gnade Gottes ablehnen, weil wir uns unwürdig fühlen, dann zeigt dies unsere totale Ich-Bezogenheit, die letztlich die Quelle der Selbstgerechtigkeit ist. Wir schauen immer noch auf uns selbst, anstatt auf den, der unsere Gerechtigkeit ist. Der Herr sagte einmal, dass wir „mit unserem Feind übereinstimmen“ sollen. Wann immer also der Feind mir einreden will, dass ich für den Dienst Gottes nicht tauglich bin, dann kann ich ihm nur beipflichten. Ich weiss aber auch, dass meine Gerechtigkeit nicht auf mir selbst beruht. Meine Gerechtigkeit ist niemals der Grund, warum der Herr mich gebraucht. Er gebraucht mich, wenn ich demütig genug bin, ihm und der Macht seines Kreuzes zu vertrauen, denn dies ermöglicht es ihm letztlich, seine Werke durch uns zu tun.

Es wäre töricht, anzunehmen, wir seien etwas Besonderes, nur weil der Herr durch uns Grosses vollbringt. Ebenso hätte sich der Esel, auf dem Jesus in Jerusalem einritt, einbilden können, die Hosannarufe gelten ihm anstatt dem, der auf seinem Rücken sass. Und doch wird der Herr seine Macht und Herrlichkeit durch sein Volk offenbaren. Wir werden uns diese Ehre niemals verdienen können und ihrer niemals würdig sein. Alles, was wir tun können, ist, Gott zu glauben. Wenn wir ihm glauben, dann werden wir ihm auch gehorchen. Das ist alles, was wir beisteuern können, und es ist auch das Einzige, was der Herr von uns erwartet.

TEIL IV

Für die Ewigkeit gemacht

Bibelarbeit zum Epheserbrief
Kapitel 4

Kapitel 23

Der Berufung würdig leben

Mit diesem Abschnitt unseres Buches wenden wir uns nun einem Kapitel im Epheserbrief zu, welches die hohe Berufung und Bestimmung der Gemeinde Jesu beleuchtet, wie vielleicht kein anderes in der ganzen Bibel, und zugleich den Weg aufzeigt, wie wir diese hohe Berufung erreichen können – Epheser 4. Bevor wir uns nun diesem überaus bemerkenswerten und in mancher Hinsicht sogar revolutionären Kapitel zuwenden, wäre es jedoch gut, noch einmal kurz zu rekapitulieren, wie Paulus zur Hauptaussage seines Briefes hinleitet.

Die Briefe des Paulus sind in aller Regel nach einem bestimmten Muster aufgebaut, das wir auch im Epheserbrief wiederfinden. Das erste Kapitel enthält meistens eine Grussformel und erinnert die Empfänger des Briefes an eines der grundlegenden Prinzipien des Glaubens. Danach geht Paulus normalerweise mit sehr klaren und deutlichen Worten zum eigentlichen Grund seines Briefes über, ohne unnötige Worte zu verschwenden. Zum Abschluss ermutigt er die Heiligen, sich ihrer Bestimmung zu stellen und das Werk zu vollenden, zu dem sie berufen sind. Kapitel 4 enthält nun den eigentlichen Kern der Botschaft an die Epheser, den Paulus hier mit der für ihn charakteristischen Klarheit und Direktheit vorträgt. Im Hinblick auf die Aufgabe der Gemeinde Jesu in der Welt ist dies vielleicht der bedeutendste Abschnitt in der ganzen Bibel überhaupt. Wir beginnen zunächst mit der Betrachtung der ersten drei Verse:

So ermahne ich euch nun, ich, der Gefangene in dem Herrn, dass ihr der Berufung würdig lebt, mit der ihr berufen seid, in aller Demut und Sanftmut, in Geduld. Ertragt einer den andern in Liebe und seid darauf bedacht, zu wahren die Einigkeit im Geist durch das Band des Friedens...

Paulus schrieb diesen Brief als Gefangener in Rom, nicht lange vor seiner Hinrichtung. Bemerkenswerterweise sah er sich selbst nicht als einen Gefangenen der Römer an, sondern als einen Gefangenen des Herrn. Jeder, der im Glauben lebt, weiss, dass ihm nichts geschehen kann, wenn es der Herr nicht aus einem bestimmten Grunde zugelassen hat. Deshalb konnte er seine Situation als von Gott gefügt annehmen. Diese Art von Glauben ist die einzige Möglichkeit, unserer Berufung gemäss zu leben.

Wer im Glauben lebt, ist immer ein freier Mensch, selbst wenn er hinter den dicksten Gefängnismauern sitzt. Paulus fürchtete auch nicht den Tod, weil er ohnehin Tag für Tag starb. Er war dieser Welt längst gestorben. Es gab also nichts, was die Welt tun konnte, um ihm das wahre Leben zu nehmen, das er in Jesus hatte. Wer sein Leben von dieser Basis her lebt, der ist frei, der kann es sich leisten, kühn und energisch zu sein, der hat eine Freude, eine Demut und eine Anmut, wie es sie sonst auf dieser Welt nicht gibt. Paulus gab selbst zu, dass er im Geist und in der Gegenwart des Herrn mehr zu Hause war als in seinem irdischen Leib. Als ihm sein irdischer Leib schliesslich genommen wurde, bedeutete ihm das nur wenig. So sollte es auch bei uns sein, wenn es an der Zeit ist zu gehen: Wir müssen bereit sein.

Der Lebensstil, den Paulus den Ephesern hier nahe legt, damit sie dem Herrn würdig leben, ist erfüllt von Demut und Freundlichkeit, voller Geduld, Nachsicht und Liebe im Umgang miteinander. Als Christen sollten wir eine Würde und einen Adel an uns tragen, der jeden irdischen Adel in den Schatten stellt. Wir sind die Kinder des Königs der Könige. Wann immer Sie wirklichem Edelmut in einem Menschen begegnen, werden Sie die oben genannten Qualitäten finden. Ein Mensch, der weiss, wer er ist, und der bewusst im Willen Gottes lebt, hat ein Mass an Kühnheit und Kraft, das es ihm ermöglicht, demütig, sanftmütig, geduldig, nachsichtig und liebevoll zu sein. Haben Sie jemals einen edelmütigen Menschen gekannt, der beständig voller Missmut und Ungeduld gewesen wäre?

Im Anschluss an dieses Portrait eines geistlichen Lebensstils ermahnt Paulus seine Leser, sich um die Einheit im Geist zu bemühen, indem sie das Band des Friedens bewahren. Dies erfordert von unserer Seite her ein besonderes Mass an Sorgfalt, weil der Hauptangriff des Feindes gegen die Gemeinde vor allem darauf abzielt, Spaltungen hervorzurufen. Es kann natürlich sein, dass sich eine Gemeinde aus strategischen Gründen teilt – wenn zum Beispiel Gemeindeglieder ausgesandt werden, um eine neue Gemeinde in einer anderen Gegend zu gründen. Aber diese Art der Teilung wird immer absichtsvoll und zielgerichtet erfolgen, ohne dabei das Band des Friedens zu zerstören. Alle anderen Spaltungen sollten wir immer als ein Werk des Teufels ansehen.

Aus diesem Grunde mahnt Paulus in Römer 16,17, *„dass ihr euch in Acht nehmt vor denen, die Zwietracht und Ärgernis anrichten entgegen der Lehre, die ihr gelernt habt, und euch von ihnen abwendet."* Diejenigen, die Spaltungen in der Gemeinde hervorrufen, mögen noch so deutlich bekunden, dass sie vom Herrn gesandt sind und auch selbst davon überzeugt sein; aber letztlich sind sie doch Boten des Teufels, die als solche aufgespürt und beim Namen genannt werden müssen, wenn wir den Schaden vermeiden wollen, den sie unter uns anrichten sollen.

Der Teufel versteht weit besser als die meisten Christen, dass wir ein Vielfaches an Autorität haben werden, wenn wir in Einheit miteinander leben. In 5. Mose 32,30 heisst es, dass einer tausend in die Flucht schlägt, doch zwei zehntausend; und der Herr sagt in Matthäus 18,19: *„Wenn zwei unter euch eins werden auf Erden, worum sie bitten wollen, so soll es ihnen widerfahren von meinem Vater im Himmel."* Dieses „Einswerden", von dem hier die Rede ist, umfasst freilich weit mehr, als lediglich in einer Sache übereinzustimmen; es geht um das gewaltige Potenzial, das durch unsere Einheit untereinander freigesetzt wird. Wenn wir diesen Zusammenhang erst einmal verstanden haben, dann werden wir unweigerlich alles daransetzen, die Einheit im Geist zu wahren.

In 1. Mose 11,6 finden wir eine überaus interessante Aussage aus dem Mund Gottes: *„Und der Herr sprach: Siehe, ein Volk sind sie, und eine Sprache haben sie alle, und dies ist [erst] der Anfang ihres Tuns. Jetzt wird ihnen nichts unmöglich sein, was sie zu tun ersinnen." (Elberfelder)* Einheit setzt eine Kraft frei, die grösser ist, als die meisten Christen sich vorzustellen vermögen. Wenn dieser Grundsatz schon für die Erbauer des Turmes zu Babel zutraf, um wie viel mehr gilt er dann für uns, die wir geheiligt werden, um den Willen Gottes in dieser Welt zu tun?

Bevor der Herr ein grosses Werk tut, hält er Ausschau nach einem Volk, das in Einheit lebt, weil er unter solchen Bedingungen wirken kann. Dieses Prinzip können wir in der Apostelgeschichte und die ganze Kirchengeschichte hindurch immer wieder beobachten. Es bedarf gar nicht unbedingt einer grossen Zahl von Menschen, um die Kraft der Einheit freizusetzen. Francis Frangipane pflegt immer zu sagen: „Nach den Spielregeln Gottes schlagen vier gleiche Karten ein ‚full house'."

Ganz ohne Frage – wer wirklich Gottes Werk tut, der wird für die Einheit eintreten und den Ungeist der Spalterei bekämpfen, wo auch immer er sich zeigt. In seinem Gebet am Vorabend der Kreuzigung, das wohl wie kein anderes das Herz Gottes offenbart, betete der Herr wiederholt für die Einheit seines Volkes (siehe Johannes 17). Wenn wir eines Herzens mit dem Herrn sind, werden wir diesem Anliegen einen ebenso hohen Stellenwert geben wie er. Ohne Einheit untereinander werden wir unsere hohe Berufung in Christus niemals erfüllen können.

Kapitel 24

In Einheit wachsen

In diesem Kapitel wollen wir uns noch einmal jener einfachen und doch so zentralen Wahrheit zuwenden, die wir bereits im letzten Kapitel betrachtet haben. Es ging um die Bedeutung der Einheit für das Werk Gottes. In Epheser 4,4-6 fährt Paulus nun mit seinen Ausführungen fort:

> *... ein Leib und ein Geist, wie auch ihr berufen seid zu einer Hoffnung eurer Berufung; ein Herr, ein Glaube, eine Taufe; ein Gott und Vater aller, der da ist über allen und durch alle und in allen.*

Einheit ist eine fundamentale Eigenschaft Gottes, ebenso wie derer, die gesandt sind, sein Werk zu tun. Das Universum wurde erschaffen, um sich in wunderbarer und vollkommener Harmonie zusammenzufügen. Alles, was Gott tut, ist von einer inneren Ordnung und Symmetrie durchdrungen. Was er schafft, kommt aus Einheit hervor und führt immer zur Einheit hin. Die einigende Kraft in allem, was er tut, ist der Sohn, wie es in Kolosser 1, 16-17 heisst:

> *Denn in ihm ist alles geschaffen, was im Himmel und auf Erden ist, das Sichtbare und das Unsichtbare, es seien Throne oder Herrschaften oder Mächte oder Gewalten; es ist alles durch ihn und zu ihm geschaffen.*
>
> *Und er ist vor allem, und es besteht alles in ihm.*

Durch Jesus und für Jesus ist alles geschaffen worden. In allem, was er schuf, hielt der Vater Ausschau nach seinem Sohn. Er sucht auch nach seinem Sohn in uns. In Epheser 1,9-10 lesen wir, dass in Christus das Geheimnis des göttlichen Willens verborgen liegt und dass es Gottes letztes Ziel ist, die ganze Schöpfung in Jesus zusammenzufassen. Deshalb sollte es unser allerhöchstes Ziel sein, in allem, was wir tun, fest in ihm gegründet zu sein. In diesem Sinne ist er die einigende Kraft, die hinter der gesamten Schöpfung steht.

Der Teufel war es, der Zersetzung, Spaltung und Uneinigkeit in die Welt gebracht hat. Von daher gesehen ist es einfach, die Werke Gottes und die des Teufels voneinander zu unterscheiden. Während die einen zur Einheit und zur Harmonie hin streben, gehen die anderen dem Zerfall entgegen. Auch in unserem eigenen Leben können wir das Werk Gottes und die Pläne des Teufels nach demselben Prinzip auseinander halten. Wo erkennen wir Einheit, Harmonie und Frieden? Wo ist die Quelle von Zwist und Disharmonie? Der Herr führt uns immer zur Harmonie und zum Frieden, während eine der wesentlichen Charaktereigenschaften des Feindes darin besteht, Spaltung und Trennung zu bewirken. Deshalb werden wir im Brief des Judas vor den Spöttern gewarnt, die am Ende der Zeit kommen, um Zwietracht zu säen: *„Diese sind es, die Trennungen verursachen, irdisch gesinnte Menschen, die den Geist nicht haben." (Elberfelder)*

Dennoch muss uns sehr wohl bewusst sein, dass der Herr selbst manchmal das Schwert der Trennung bringt, wie er in Matthäus 10,34-36 sagt:

> *Ihr sollt nicht meinen, dass ich gekommen bin, Frieden zu bringen auf die Erde. Ich bin nicht gekommen, Frieden zu bringen, sondern das Schwert. Denn ich bin gekommen, den Menschen zu entzweien mit seinem Vater und die Tochter mit ihrer Mutter und die Schwiegertochter mit ihrer Schwiegermutter. Und des Menschen Feinde werden seine eigenen Hausgenossen sein.*

Es kann vorkommen, dass der Herr vorübergehend Spaltung bringt, damit es am Ende eine wirkliche Vereinigung geben kann, denn wirklicher Frieden setzt voraus, dass die Festungen des Bösen, die sich gegen die Wahrheit erheben, niedergerissen werden.

Wo der Feind am Werk ist, können wir auch daran erkennen, wie eine Angelegenheit am Ende ausgeht. Der Blick auf die einzelnen Zwischenstationen eines Prozesses kann dagegen leicht irreführend sein. Der Feind schafft häufig eine vorübergehende Einheit, die am Ende nur in eine umso gravierendere Trennung mündet. Der Feind wirkt immer wieder Allianzen, die scheinbar Einheit und Harmonie bringen. Die Frage, ob es unser Gott oder der Feind ist, der hinter einer Initiative steht, entscheidet sich daran, ob Jesus das letztendliche Ziel ist. Wo er das letztendliche Ziel ist, kommen wir ihm mit jedem Schritt auf dem Weg näher.

Wenn wir uns dem Ziel annähern, Jesus ähnlicher zu werden, dann werden wir in unserem eigenen Herzen zunehmend mehr Einheit, Harmonie und Frieden finden. Selbst dann, wenn unsere Einheit mit ihm Uneinigkeit mit denen schafft, die ihm nicht dienen wollen, werden wir doch keine grössere Harmonie und keinen bleibenderen Frieden finden, als wenn wir mit ihm eins geworden sind. Indem wir in ihm bleiben, werden wir überall um uns herum die Saat der Einheit, der Harmonie und des Friedens ausstreuen. Daran erkennen wir die Weisheit, die von Gott stammt und von der Jakobus schreibt:

> *Die Weisheit aber von oben her ist zuerst lauter, dann friedfertig, gütig, lässt sich etwas sagen, ist reich an Barmherzigkeit und guten Früchten, unparteiisch, ohne Heuchelei. Die Frucht der Gerechtigkeit aber wird gesät in Frieden für die, die Frieden stiften. (Jakobus 3,17-18)*

Lassen Sie uns aus diesem Grunde die Mahnung ernst nehmen, die in 1. Korinther 1,10 steht: *„Ich ermahne euch aber, liebe Brüder, im Namen unseres Herrn Jesus Christus, dass ihr alle* *mit einer Stimme redet und lasst keine Spaltungen unter euch sein, sondern haltet aneinander fest in einem Sinn und in einer Meinung.“* Wie wir bereits im letzten Kapitel gesehen haben, müssen wir uns *„vor denen in Acht nehmen, die Zwietracht ... anrichten“ (Römer 16,17),* und uns von ihnen fernhalten. Wer Spaltungen und Zwietracht sät, der wirkt Gottes Absichten entgegen.

Kapitel 25

Ihre Gnadengabe

Im letzten Kapitel hatten wir uns mit einer Reihe von entscheidenden Punkten befasst, die uns in Epheser 4,4-6 zum Thema Einheit offenbart werden. In diesen Versen werden wir nicht nur zur Einheit aufgerufen, wir erfahren, dass Jesus selbst der Weg zur Einheit ist. Wenn wir in ihm bleiben, sind wir in Einheit miteinander, denn wie sollte ein Leib mit sich selbst in Uneinigkeit sein? Wenn wir nun zu den Versen 7 und 8 gehen, finden wir ein weiteres Kernelement dessen, was das Leben der Gemeinde Jesu ausmacht:

> *Einem jeden aber, der von uns ist, ist die Gnade gegeben nach dem Mass der Gabe Christi. Darum heisst es (Psalm 68,19): „Er ist aufgefahren zur Höhe und hat Gefangene mit sich geführt und hat den Menschen Gaben gegeben."*

„Einem jeden", so heisst es, ist ein Anteil an der Gabe Christi gegeben worden. Wir alle sind Glieder an seinem Leib und haben eine bestimmte Funktion in ihm. Jedes Teil am Leib, das seine Funktion über einen längeren Zeitraum hinweg nicht ausübt, bildet sich zurück. Auch dies ist eine einfache Grundwahrheit, die wir in der Gemeinde weithin aus den Augen verloren haben.

Über Jahre hinweg habe ich in jeder grösseren Gemeinde und auf jeder Konferenz, wo ich als Sprecher eingeladen war, die Frage in den Raum gestellt, wie viele der Anwesenden ihre Gaben und Aufgaben im Leib Jesu kennen. Das Ergebnis war sogar noch wesentlich bedrückender, als ich angenommen hatte. Nur etwa fünf Prozent der Befragten konnten von sich sagen, dass sie ihre eigenen Gaben und Talente kennen, und von dieser Gruppe setzte wiederum nur etwa die Hälfte sie auch ein. Stellen Sie sich einmal vor, wie es wohl um Sie bestellt wäre, wenn Ihr Körper nur zu fünf Prozent funktionieren würde! Dem Leib Christi ergeht es im Prinzip nicht viel anders.

Dies ist zweifellos einer der Gründe für die Schwäche und mangelnde Wirksamkeit der Gemeinde Jesu. Ein Teil des Problems sind die Strukturen, die sich innerhalb der Gemeinde herausgebildet haben. Das Gemeindeleben ist weithin eine Vorführung, bei der einige wenige Aktive vorne mitmischen, während die grosse Mehrheit ihnen von der Kirchenbank aus mehr oder weniger wohlwollend zunickt. Die neutestamentliche Gemeinde ist freilich zu weit mehr bestimmt, und vor dem Ende der Zeiten wird sie zu ihrer eigentlichen Bestimmung finden. Der Herr wird einen Leib haben, der die ganze Anmut und Würde und Kraft eines voll entwickelten und voll funktionsfähigen Körpers besitzt. Wir können uns dessen deshalb so sicher sein, weil unser Gott immer zur Vollendung bringt, was er einmal begonnen hat. Der Herr hat von Anfang an klar zum Ausdruck gebracht, dass dies sein Ziel mit der Gemeinde ist.

Doch wie gelangen wir dorthin? Dies ist das Thema, um das sich der ganze Rest dieses Kapitels im Epheserbrief dreht. Die Verse 7 und 8 sind dafür eine ganz grundlegende Verständnishilfe. Als der Herr zum Himmel auffuhr, hat er den Menschen Gaben gegeben. Indem der Herr uns Gaben gibt, gibt er sich selbst. Deshalb haben wir alle Gnade empfangen nach dem Mass der Gabe Christi.

Viele Leute sagen, wir sollten nicht die Gaben suchen, sondern den Geber der Gaben. So nett und richtig das auch klingen mag, es steht im Widerspruch zur Schrift. In 1. Korinther 12-14 werden wir geradezu aufgefordert, uns nach geistlichen Gaben auszustrecken, und zwar vor allem nach den höchsten Gaben. Wer also sagt, wir sollten den Geber und nicht die Gaben suchen, der übersieht, dass einer der Wege, wie wir den Herrn suchen, gerade darin besteht, uns nach seinen Gaben auszustrecken. Er selbst manifestiert sich in den Gaben. Während seines irdischen Lebens übte Jesus jede einzelne der Geistesgaben aus; doch als er zum Himmel auffuhr, da begann er, diese Gaben unter uns auszuteilen. Die Gaben sind heutzutage das hauptsächliche Instrumentarium, mit dem Jesus unter uns Menschen wirkt.

In diesen Gaben zu wachsen, heisst, in Jesus zu wachsen, in ihm zu bleiben und ihm gleichgestaltet zu werden. Seine Gaben sind allesamt Liebesgaben, die sich, wie wir später noch sehen werden, auf die Frucht des Geistes gründen. Er heilt aus seiner Liebe heraus, weil er nicht will, dass jemand leidet. Wenn beispielsweise die Gabe der Heilung in Ihnen wächst, dann geschieht dies deshalb, weil Sie anfangen, sich mit seiner Liebe und seinem Erbarmen den Kranken gegenüber zu identifizieren. Das Gleiche gilt für die Gabe der Prophetie. Wenn wir in dieser Gabe wachsen, so deshalb, weil wir anfangen, mit seinen Augen zu sehen, mit seinen Ohren zu hören und mit seinem Herzen zu spüren. Wenn wir in der Gabe der Wunderwirkungen wachsen, dann geschieht dies, weil wir anfangen, uns mit seiner Kraft zu identifizieren. Weil er der Allmächtige ist, müssen wir seine Kraft kennen, wenn wir ihn wirklich kennen wollen, und indem wir erleben, wie er seine Kraft durch uns fliessen lässt, fangen wir an, seine Wege zu verstehen und wachsen in ihm.

Das heisst, wir suchen seine Gaben keineswegs nur um der Gaben willen, es geht uns immer um den Herrn selbst. Dies fügt sich auch sehr gut in das hinein, was wir in den vorhergehenden Versen zum Thema Einheit besprochen hatten, denn es wird niemals so sein, dass eine Person alle Gaben und somit die ganze Fülle Gottes bekommt. Nur indem wir in Einheit zusammenkommen, kann sich Gott im vollen Masse unter uns manifestieren. Genauso steht es auch in 1. Korinther 1,4-7:

> *Ich danke meinem Gott allezeit euretwegen für die Gnade Gottes, die euch gegeben ist in Christus Jesus, dass ihr durch ihn in allen Stücken reich gemacht seid, in aller Lehre und in aller Erkenntnis.*

Denn die Predigt von Christus ist in euch kräftig geworden, so dass ihr keinen Mangel habt an irgendeiner Gabe und wartet nur auf die Offenbarung unseres Herrn Jesus Christus.

Die Predigt von Christus ist in ihnen *„kräftig geworden"*, so dass sie *„keinen Mangel haben an irgendeiner Gabe"*. Wenn alle Gaben im Leib wirksam sind, dann heisst dies nichts anderes, als dass der Herr selbst in seinem Leib wirksam ist. Dann kann er durch uns all das tun, was er will. Überall, in jeder Ortsgemeinde, möchte Jesus die Manifestationen freisetzen, durch die er sich den Menschen heute offenbart. Dies wird jedoch nicht geschehen können, solange nicht alle Glieder seines Leibes voll ausgerüstet und in Einheit miteinander verbunden sind. Wie aber können wir über den jetzigen Zustand hinaus wachsen und uns dem Ziel annähern? Dies ist das Thema, das den ganzen Rest des Epheserbriefs ausfüllt und dem wir uns in den folgenden Kapiteln zuwenden wollen.

Kapitel 26

Erfüllt werden

In diesem Kapitel wollen wir uns Epheser 4,9-10 widmen. Diese beiden Verse binden die Aussagen, die wir in den letzten zwei Kapiteln herausgearbeitet hatten, noch enger zusammen.

> *Dass er aber aufgefahren ist, was heisst das anderes, als dass er auch hinabgefahren ist in die Tiefen der Erde? Der hinabgefahren ist, das ist derselbe, der aufgefahren ist über alle Himmel, damit er alles erfülle.*

Jesus ist aufgefahren und sitzt nunmehr wieder zur Rechten seines Vaters im Glanz und der Herrlichkeit, die Gott zu Eigen ist. Um wirklich ermessen zu können, was dies bedeutet, müssen wir uns vor Augen halten, warum er zu den „Tiefen der Erde" hinabgestiegen ist. Er wurde ein einfacher Handwerker und wohnte in der am meisten verschmähten Stadt inmitten des am meisten verachteten Volkes der Erde, alles aus seiner grossen Liebe zu uns heraus. Hier offenbarte Gott vor der ganzen Schöpfung für alle Ewigkeit, wer er wirklich ist. Allein über diese eine Tatsache nachzusinnen könnte uns für Millionen von Jahren in Atem halten!

Menschenworte reichen nicht, um das Wesen Gottes zu beschreiben, das sich in seinem Opfer für uns offenbart. Wer sich sein Leben und Leiden hier auf der Erde vor Augen führt, dem muss eines ganz deutlich werden: Gott liebt uns wirklich! Es kann gar nicht oft genug wiederholt werden; denn dieses Wissen muss sich tief in unsere Herzen eingraben, wenn wir unsere Bestimmung im Herrn ergreifen sollen. Wir sind dazu berufen, alles zum Wohle seines Reiches zu tun; aber zugleich ist alles, was wir dabei tun, zugleich für uns selbst zum Besten. Er liebt uns mit der Liebe eines vollkommenen Vaters, weil dies seinem Wesen entspricht.

Darüber hinaus müssen wir auch verstehen, dass er auf die Erde gekommen und ein Mensch unter Menschen geworden ist, damit er, wenn er die Probe bestanden hat und wieder in den Himmel aufgefahren ist, alle Dinge erfüllen kann. Wir hatten ja bereits besprochen, dass Gottes letztendliches Ziel mit der Schöpfung darin besteht, alle Dinge in seinem Sohn zusammenzufassen (Epheser 1,10).

Wenn wir nun fortfahren und die Berufung der Gemeinde unter dem Blickwinkel betrachten, wozu sie von Gott geschaffen und bestimmt ist, dann dürfen wir niemals aus den Augen verlieren, dass die Gemeinde das Hauptwerkzeug ist, durch das der Herr die Welt mit sich versöhnen will.

Unser Erfolg als Gemeinde hängt letztlich davon ab, dass Gott uns dazu gebrauchen kann, um die Menschen innerhalb unseres Einflussbereichs mit sich zu versöhnen. Es ist seine Absicht, diesen Prozess durch seine Gemeinde anzustossen. Am Ende wird er wieder *„alles erfüllen“*. In welcher Weise werden wir von Gott dazu benutzt, unsere Nachbarschaft „mit ihm zu erfüllen“? Und unsere Arbeitsstellen? Und unsere Städte? Und schliesslich unsere Nationen? Es gibt nur einen Grund, warum wir noch auf dieser Welt sind – damit wir unser Umfeld mit Gott erfüllen.

Wir werden freilich nur in dem Masse wirksam sein, in dem wir es ihm gestatten, uns zu erfüllen. Dies wird sich ganz direkt darin niederschlagen, wie sehr er unsere Zeit und unsere Gedanken – bzw. unser ganzes Bewusstsein – in Beschlag nehmen kann. Der Herr lebt in uns. Sind wir heute Morgen in diesem festen Wissen aufgewacht? Sind wir den Tag über während unserer Arbeit in enger Verbindung zu ihm geblieben? Wenn nicht, dann haben wir uns täuschen und um diese Realität betrügen lassen. Wir haben es zugelassen, dass die niederen Dinge unsere Wahrnehmung vernebeln. Die allerhöchste Wahrheit und die einzige wirkliche Realität ist Gott. Wenn er tatsächlich in uns lebt, wie sollte es dann möglich sein, dass irgendetwas weniger Wichtiges unsere Aufmerksamkeit von ihm ablenkt?

Salomo baute den herrlichsten Tempel, der jemals für Gott erbaut wurde. Als Gott diesen Tempel erfüllte und in Besitz nahm, da schaute niemand auf das Gebäude selbst! Die ganze Aufmerksamkeit des Volkes war auf Gott gerichtet. Wenn die Aufmerksamkeit der Menschen auf den Tempel gerichtet ist, dann nur deshalb, weil Gott nicht im Tempel gegenwärtig ist.

Die Gemeinde Jesu ist sicherlich etwas Wunderbares; aber der eigentliche Grund, warum wir Gemeinde bauen, ist der, dass wir uns danach sehnen, die manifeste Gegenwart des Herrn unter uns zu erleben. Wir haben uns Gott verschrieben, nicht der Gemeinde. Die Gemeinde ist ein Segen, und sie wird einmal das herrlichste und grossartigste Gemeinwesen auf der ganzen Erde werden; und doch wird sie immer nur ein Schatten der himmlischen Wirklichkeit bleiben, die sie verkörpert. Was den Himmel so unvergleichlich macht, ist die Gegenwart Gottes.

Wie aber soll das ganz praktisch möglich sein? Wir müssen ja irgendwie unser Geld verdienen. Wir müssen diesen irdischen Leib mit „Hamburgern" füttern, und die gibt's nicht umsonst! Wir brauchen eine Wohnung und ein Auto, und was man sonst noch so benötigt, um in der heutigen Welt leben zu können. Das mag richtig sein, und der Herr hat nichts dagegen, dass wir all das auch bekommen, doch wenn uns Jesus nicht unendlich wichtiger und auch realer ist als diese Dinge, dann ist unser Leben voller Götzen.

Der Zustand der Lauheit ist das Allerschlimmste, was einem Christen je passieren kann. Die Gemeinde in Laodizea war deshalb lau, weil sie alles hatte, was sie sich nur wünschen konnte. Die vielen Dinge, mit denen wir uns umgeben, können uns allzu leicht von unserem eigentlichen Ziel ablenken. Gott hat grosse Freude daran, seinen Kindern gute Gaben zu geben, und auf seinem Kalender gibt es auch weitaus mehr Festtage als Fastentage; aber wir müssen unsere Herzen davor bewahren, irgendwelchen Götzen zu verfallen, selbst wenn es sich um Dinge handelt, die Gott uns höchstpersönlich gegeben hat.

Die Antwort auf den Götzendienst in unserer Gesellschaft heisst nicht Askese, denn diese Form von Verzicht würde uns nur allzu schnell dazu verführen, unsere Gerechtigkeit wieder an unseren Leistungen zu messen statt am Kreuz Christi. Es geht dem Herrn gar nicht unbedingt darum, dass wir die Dinge unseres täglichen Lebens mehr oder weniger lieben sollten als bisher – ihm ist ausschliesslich daran gelegen, dass wir ihn mehr lieben als alles andere. Er wünscht sich, dass wir ihn so sehr lieben, dass es ihm möglich ist, uns alles andere zu geben. Wir dürfen uns jedoch durch nichts vom Herrn ablenken lassen, denn er ist unendlich viel grösser als alles Geschaffene.

Es gibt keinen grösseren Schatz als unser Heil und die Gemeinschaft mit Gott, die wir haben dürfen, weil er sich um unseretwillen so weit herabgelassen hat, ans Kreuz zu gehen. Deshalb sollten auch wir bereit sein, täglich neu aus freien Stücken ans Kreuz zu gehen und ihm alles zu opfern, was wir sind und haben. Lassen Sie uns jeden Tag in unseren Herzen festmachen, dass wir nur dann wirklich erfolgreich sind, wenn wir seinen Willen tun. Wenn er unsere Erfüllung ist, dann kann er uns alle Dinge anvertrauen. Wir sind jedoch zu weit Höherem bestimmt, als nur materielle Güter anzuhäufen. Wenn er unser Leben erfüllt, dann wird er durch uns hindurchfliessen und andere Menschen zu seinem Heil bringen, um auch sie zu erfüllen.

Die wohl deutlichste und kürzeste Beschreibung, worum es beim apostolischen Dienst in allerletzter Konsequenz geht, finden wir in Galater 4,19. Paulus schreibt hier: *„Meine lieben Kinder, die ich abermals unter Wehen gebäre, bis Christus in euch Gestalt gewinne!“* Der wahre Erfolg jeder Gemeinde und jedes christlichen Werkes wird daran gemessen, inwieweit Christus in seinem Volk Gestalt gewinnt. Werden die Menschen in unseren Gemeinden in sein Ebenbild verwandelt? An diesem Kriterium sollten wir den Erfolg unserer Arbeit messen.

Jesus ist in den Himmel aufgefahren, damit er alles erfülle. Indem wir mit ihm auffahren und uns von den Dingen der Welt lösen, erfüllt er unser Leben mehr und mehr. Das Kreuz ist das Fundament, das es uns ermöglicht, ihn kennen zu lernen, aber er ist nicht mehr am Kreuz. Er ist aufgefahren, und wenn wir mit ihm vereint sein wollen, dann müssen wir es lernen, mit ihm zusammen seinen Platz auf dem Thron einzunehmen. Es muss uns darum gehen, dass er unser Leben mehr und mehr erfüllt.

Kapitel 27

Zugerüstet werden

Der Text, dem wir uns nun zuwenden, ist wohl eine der am meisten zitierten und kontroversesten Bibelstellen unserer Tage, nämlich Epheser 4,11-13:

> *Und er hat einige als Apostel eingesetzt, einige als Propheten, einige als Evangelisten, einige als Hirten und Lehrer, damit die Heiligen zugerüstet werden zum Werk des Dienstes.*
>
> *Dadurch soll der Leib Christi erbaut werden, bis wir alle hingelangen zur Einheit des Glaubens und der Erkenntnis des Sohnes Gottes, zum vollendeten Mann, zum vollen Mass der Fülle Christi, damit wir nicht mehr unmündig seien und uns von jedem Wind einer Lehre bewegen und umhertreiben lassen durch trügerisches Spiel der Menschen, mit dem sie uns arglistig verführen.*

Wir sehen hier, dass der Herr seiner Gemeinde eine ganze Reihe von verschiedenen Diensten gegeben hat, um sie für ihre Aufgabe zuzurüsten. Diese verschiedenen Dienste sollen ineinander greifen und einander ergänzen. Die Gemeinde im ersten Jahrhundert hat uns dieses Prinzip in wunderbarer Weise vorgelebt. Nach dem ersten Jahrhundert jedoch verfiel diese Art von Teamarbeit im Reich Gottes zunehmend, und mit ihr die geistliche Kraft und Vollmacht der Gemeinde Jesu.

Dies ist, nebenbei bemerkt, die einzige Stelle im Neuen Testament, in der das Amt des Pastors überhaupt erwähnt wird. Dennoch hat es bis vor gar nicht allzu langer Zeit den Dienst der Gemeinde Jesu vollkommen dominiert. Es geht mir keineswegs darum, die Bedeutung des Pastorenamtes für die Gemeinde zu schmälern. Ich bin sogar der Überzeugung, dass ihm nach Gottes Willen eine weitaus grössere Bedeutung zukommt, als es heutzutage im Allgemeinen der Fall ist. Die Pastoren werden jedoch niemals die Rolle einnehmen können, die Gott ihnen eigentlich zugedacht hat, solange sie nicht ihren Platz im Zusammenspiel mit den anderen Diensten einnehmen, die Gott zur Zurüstung seiner Gemeinde eingesetzt hat.

Viele Pastoren versuchen, alle Funktionen, durch die Gott seine Gemeinde zurüstet, in ihrer Person zu vereinen. Dadurch schmälern sie nicht nur ihre Möglichkeiten, die Arbeit zu tun, zu der sie eigentlich berufen und gesalbt sind; sie verhindern auch, dass andere in die Dienste hineinwachsen, die Gott ihnen zugedacht hat. Daraus erwächst ein massives Hindernis für die Entwicklung des gesamten Leibes Jesu. Wir gehen einer Zeit entgegen, in der kein geistlicher Dienst mehr Bestand haben kann, der nicht fest in ein Team eingebunden ist.

In den letzten drei Jahrzehnten hat eine wachsende Zahl von christlichen Leitern die Bedeutung der oben aufgelisteten Dienste und Funktionen erkannt. Ihre Notwendigkeit ist heute weithin unumstritten. Manche sind dabei freilich ein wenig zu weit gegangen, indem sie angefangen haben, allzu leichtfertig Titel zu vergeben. Dennoch wird ein zunehmendes Verständnis und fruchtbares Miteinander der geistlichen Dienste ein unverkennbares Zeichen des Leibes Jesu in der Zukunft sein. Ohne sie werden wir uns als Gemeinde nicht zu dem entwickeln können, was Gott für uns geplant hat.

Manche Leute sind der Meinung, dass es in unserer Zeit keiner Apostel und Propheten mehr bedarf, weil diese Ämter nach Vollendung der Heiligen Schrift nicht mehr benötigt würden. Dies steht jedoch im Widerspruch zu den Aussagen der Bibel. Die Textstelle, die Gegenstand unseres Kapitels ist, lässt überhaupt keinen Zweifel daran, dass alle erwähnten Dienste eingesetzt wurden, *„bis wir alle hingelangen zur Einheit des Glaubens und der Erkenntnis des Sohnes Gottes ... zum vollen Mass der Fülle Christi"*. Hat es irgendwann in der Kirchengeschichte eine Gemeinde gegeben, die dieses Ziel erreicht hätte? Mir persönlich ist kein Beispiel bekannt, und ich habe auch noch niemals davon gehört, dass irgendjemand diesem Ziel auch nur nahe gekommen wäre. Somit können wir wohl vorerst auf keinen der genannten Dienste verzichten.

Für diejenigen unter uns, die auf der Suche nach der Gemeinde der Zukunft sind, ist dies ja nichts Neues. Die entscheidende Frage, die wir uns stellen müssen, ist jedoch: Kommen die Gemeinden, die all diese Dienste anerkennen und fördern, dem Ziel auch wirklich näher? Die geistlichen Dienste anzuerkennen und zu fördern ist zweifellos ein guter Anfang; aber findet die Zurüstung, um die es bei diesem Thema letztlich geht, auch wirklich statt? Nach meinem Eindruck ist dies bislang kaum der Fall, selbst in den Gemeinden, wo diese Dienste ihren Platz haben. Dort gibt es vielleicht eine grössere Vielfalt von Mitarbeitern in verschiedenen Funktionen und ein etwas höheres Mass an Zurüstung zum Dienst; im Grossen und Ganzen jedoch sind wir noch weit von einer wirksamen Zurüstung der Heiligen entfernt.

Dies ist ohne Zweifel eine der wichtigsten Fragen unserer Zeit. Solange sie nicht geklärt ist, werden wir als Gemeinde Jesu unserem Auftrag nicht gerecht werden können. Deshalb werden wir über die nächsten Kapitel hinweg noch ein wenig bei diesem Thema verweilen und versuchen, praktische Antworten zu finden. Doch bevor wir fortfahren, möchte ich noch auf etwas zu sprechen kommen, das von ganz zentraler Bedeutung ist, wenn wir uns diesem Grundproblem der Gemeinde nähern wollen.

Der allererste Zweck all dieser Dienste und Funktionen im Leib Jesu besteht darin, uns zur Erkenntnis des Sohnes zu verhelfen. Dies ist der Kern des apostolischen Auftrages und die Grundlage all dessen, worum es geht, wenn wir von der Zurüstung der Gemeinde zum Dienst sprechen. Es reicht nicht, dass wir in eine Aufgabe hineinwachsen, wir müssen in eine Person hineinwachsen – Jesus Christus. Er selbst ist die Verkörperung all dessen, wozu die neutestamentliche Gemeinde berufen ist, und wir werden nur Anteil daran bekommen können, indem wir ihn in seiner Herrlichkeit immer besser verstehen.

Der Dienst der Gemeinde erschliesst sich aus der Frucht des Geistes, indem wir Jesus immer ähnlicher werden. Deshalb drehen sich alle Ämter und Funktionen der neutestamentlichen Gemeinde letztlich immer um Jesus selbst, nicht um Gemeindeleitungskonzepte oder organisatorische Strukturen. Wir werden im Dienst nur insoweit Frucht entfalten können, als wir ihn selbst beständig vor Augen haben und von der zentralen Bedeutung dieser Person Jesus Christus ergriffen sind. In den folgenden Kapiteln wollen wir darauf noch etwas näher eingehen.

Kapitel 28

Unsere Berufung erkennen

Ziel dieser Bibelarbeit ist es, unsere Wurzeln systematisch immer tiefer in den Boden der biblischen Wahrheit voranzutreiben und dabei zugleich Antworten auf die zentralen geistlichen Fragen unserer Zeit zu finden, damit wir als Gemeinde Jesu unsere Bestimmung ergreifen können. Deshalb wollen wir nun noch einmal in eine vertiefende Betrachtung des Bibeltextes einsteigen, mit dem wir uns bereits im letzten Kapitel befasst haben, Epheser 4,11-13:

> *Und er hat einige als Apostel eingesetzt, einige als Propheten, einige als Evangelisten, einige als Hirten und Lehrer, damit die Heiligen zugerüstet werden zum Werk des Dienstes.*
>
> *Dadurch soll der Leib Christi erbaut werden, bis wir alle hingelangen zur Einheit des Glaubens und der Erkenntnis des Sohnes Gottes, zum vollendeten Mann, zum vollen Mass der Fülle Christi, damit wir nicht mehr unmündig seien und uns von jedem Wind einer Lehre bewegen und umhertreiben lassen durch trügerisches Spiel der Menschen, mit dem sie uns arglistig verführen.*

Wir finden hier eine Auflistung der Dienste, mit denen die Gemeinde für ihre Bestimmung, nämlich das *„volle Mass der Fülle Christi“* zu erreichen, zugerüstet werden soll. Dieses Ziel muss das zentrale Anliegen sein, das bei allem, was wir tun, im

Mittelpunkt steht. Alles, was von diesem ganz elementaren Ansinnen abweicht, ist ein Nebengleis, das uns von unserer eigentlichen Berufung wegführt. Unser Ziel ist und bleibt es, in Jesus zu wachsen, ihn zu erkennen und in ihm zu bleiben.

Wir werden nun jeden der Dienste, die Gott der Gemeinde zu diesem Zweck gegeben hat, ein wenig näher beleuchten. An erster Stelle wird der Dienst des Apostels genannt. In Hebräer 3,1 heisst es: *„Darum, ihr heiligen Brüder, die ihr teilhabt an der himmlischen Berufung, schaut auf den Apostel und Hohenpriester, den wir bekennen, Jesus."* Jesus ist der Prototyp des Apostels, ebenso wie er der Prototyp des Propheten, des Evangelisten, des Hirten und des Lehrers ist. Wenn wir in unsere Funktionen im Leib Jesu hineinwachsen wollen, dann geht es letztendlich darum, in diesen Aspekt der Person Jesu hineinzuwachsen.

Der apostolische Dienst selbst ist im Grunde genommen eine Zusammenfassung der vier übrigen Dienste. Wir sehen, dass die bedeutendsten Apostel im Neuen Testament – Petrus, Johannes und Paulus – allesamt grossartige Lehrer waren, das Herz eines Hirten hatten, prophetisch dienten und evangelistisch tätig waren. Das heisst freilich nicht, dass jeder, der alle Funktionen ausfüllt, automatisch ein Apostel ist. Warum nicht? Weil der apostolische Dienst weit mehr ist als nur eine Funktion, er ist eine Mission.

Jeder Christ kann zuweilen vom Heiligen Geist gebraucht werden, um andere zu lehren, ihnen zum Hirten zu werden, prophetisch zu reden oder Menschen zu Jesus zu führen, auch wenn keine dieser Funktionen seine eigentliche Berufung darstellt. Für den apostolischen Dienst bedarf es jedoch einer besonderen Einsetzung durch den Herrn selbst. Dies geschieht nicht einfach durch einen Eindruck oder ein prophetisches Wort. Wer zum apostolischen Dienst berufen ist, der muss, wie es in Apostelgeschichte 9,27 heisst, *„den Herrn gesehen"* haben. Dies beinhaltet ganz offensichtlich weit mehr, als nur einen Traum oder eine Vision zu haben.

Warum muss ein Apostel „den Herrn gesehen" haben? Apostel sind die „Baumeister" des Tempels, welcher die Gemeinde ist. Mose war der erste Mensch in der Bibel, der dem Herrn eine Bleibe errichtet hat. Er musste jedoch zunächst auf den Berg steigen, um ein Modell der Stiftshütte zu sehen, bevor er darangehen konnte, sie tatsächlich zu bauen. Ebenso muss der Apostel eine klare Vision davon bekommen, was er zu bauen hat. Das Modell der Gemeinde ist niemand anders als Jesus selbst. Die Begegnung mit ihm in seiner ganzen Majestät und Herrlichkeit vermittelt uns jenen klaren Blick für das Entscheidende, jene Zielstrebigkeit und jene Entschlossenheit, ohne die es keinen apostolischen Dienst geben kann.

Die besondere Bürde des apostolischen Dienstes ist in Galater 4,19 sehr treffend beschrieben: *„Meine lieben Kinder, die ich abermals unter Wehen gebäre, bis Christus in euch Gestalt gewinne!"* Wenn heutzutage vom apostolischen Dienst gesprochen wird, dann werden vielfach Gaben und Aufgaben ins Spiel gebracht, die eigentlich gar nichts mit dem Apostolischen zu tun haben, sondern die sich eher auf administrative Leitungsfunktionen beziehen. Die Aufgabe, Gemeinden in einer Dachorganisation zusammenzubinden oder in Gemeindeleitungsmodelle einzuführen, setzt eigentlich keine der geistlichen Dienstgaben voraus, um die es hier im Epheserbrief geht. Jeder versierte Managementberater könnte das auch. Echte apostolische Salbung jedoch zeichnet sich dadurch aus, dass sie die Gemeinde dazu inspiriert, sich dem Herrn anzunähern, ihn anzuschauen und sich in sein Ebenbild verwandeln zu lassen. Dies ist weit mehr als nur eine Managementaufgabe.

Zu den Aufgaben des apostolischen Dienstes gehört jedoch nicht nur das Bauen, sondern auch das Niederreissen. Der Apostel macht auf Irrtümer, Irrlehren und einen abgefallenen Zustand aufmerksam. Der eklatante Mangel an echter apostolischer Autorität innerhalb der Gemeinde Jesu ist vielleicht einer der Hauptgründe, warum es unter Christen heutzutage so viel Streit um theologische Lehrmeinungen gibt. Wenn der apostolische Dienst im Leib Jesu erst einmal wiederhergestellt ist, dann wird er die nötige Autorität besitzen, die grossen theologischen Streitfragen mit einer verblüffenden und entwaffnenden Weisheit anzugehen, die direkt aus der Höhe kommt. Eine solche Autorität beruht nicht auf Titeln, sondern auf einer göttlichen Salbung und Tiefe, die über jeden menschlichen Widerspruch erhaben ist.

In Sprüche 24,3-4 lesen wir: *„Durch Weisheit wird ein Haus gebaut und durch Verstand erhalten, und durch ordentliches Haushalten werden die Kammern voll…"* Die Weisheit ist es, die das Haus erbaut, das richtige Know-how wird dann die Menschen anziehen. Doch wie oft haben wir versucht, die Leute anzuziehen, noch bevor das Haus überhaupt gebaut war? Wenn wir in einer solchen Weise verfahren, dann werden wir nicht wirklich Gemeinde bauen, wir werden lediglich Versammlungen von Menschen ins Leben rufen. Dies wird sich ändern, wenn der wahre apostolische Dienst wiederhergestellt wird. Dann werden die Menschen in erster Linie durch Weisheit angezogen, nicht durch Know-how. Es mögen vielleicht nicht ganz so viele sein, aber dafür wird ein Haus entstehen, zu dem der Herr selbst sich hingezogen fühlt.

Ein weiteres charakteristisches Merkmal des Apostels ist ein kühner Pioniergeist. Er findet sich bei allen neutestamentlichen Aposteln. Es ist ein Drang, immer mehr in die Weite, in die Höhe und in die Tiefe zu gehen, der andere mitreisst. Es gibt überhaupt nichts Ansteckenderes in dieser Welt als einen Menschen, der beständig Gottes Nähe sucht, und genau dieses Merkmal ist ja kennzeichnend für den apostolischen Dienst. Man könnte ein solches Verhalten natürlich einfach als gute Leiterschaft bezeichnen. Beim apostolischen Dienst handelt es sich jedoch um eine Leiterschaft, die nicht nur einfach die Richtung vorgibt, sondern selbst aktiv vorangeht.

Wenn der wahre apostolische Dienst mehr und mehr zum Tragen kommt, dann wird der Leib Jesu unweigerlich in seine Bestimmung hineingezogen werden. Menschliches Bemühen allein wird dies niemals bewirken können, es ist eine besondere Salbung, die jenen vorbehalten bleibt, denen Gott es gegeben hat, sein Volk in einer Weise anzusprechen, die die Herzen erreicht. Weil der Dienst des Apostels jedoch gleichzeitig eine Zusammenfassung all der anderen Dienste ist, die der Zurüstung der

Gemeinde dienen, wird er nicht theoretisch sein, sondern ganz praktische Züge tragen. Er wird durch Lehre und Seelsorge, durch Visionsvermittlung und Richtungsweisung ebenso wie durch evangelistische Aktivitäten gekennzeichnet sein.

Es steht ganz ausser Frage, dass die Gemeinde unserer Tage diese Art von Leiterschaft braucht. Wir können uns jedoch nicht mit billigen Ersatzlösungen zufrieden geben. Wenn wir das Echte wollen, dann werden wir nicht umhin kommen, geduldig danach Ausschau zu halten. Apostel wird man nicht über Nacht. Auch Paulus erhielt seine Berufung zum apostolischen Dienst viele Jahre, bevor er tatsächlich in diesen Dienst eingesetzt wurde. Und auch dann war er noch ein sehr unerfahrener Apostel, der erst wachsen und Erfahrung sammeln musste. Eine der Hauptursachen dafür, dass die Gemeinde Jesu in unseren Tagen so oberflächlich ist, mag darin zu suchen sein, dass wir so lange bereit gewesen sind, einer oberflächlichen Leiterschaft zu folgen.

In den Sendschreiben im Buch der Offenbarung lobte der Herr die Gemeinde in Ephesus dafür, dass sie diejenigen auf die Probe gestellt hat, die sich als Apostel bezeichneten, obwohl sie in Wirklichkeit gar keine waren. Dies ist ein wichtiges Anliegen, das wir nicht aus den Augen verlieren dürfen. Wie leicht kann es geschehen, dass wir eine von Gott gewirkte Gelegenheit verpassen, weil wir diejenigen nicht erkennen, die mit einer authentischen apostolischen Mission zu uns kommen? Oder aber wir gehen allzu leichtfertig jemandem auf den Leim, der von sich behauptet, einen apostolischen Auftrag zu haben, ohne wirklich von Gott gesandt zu sein. Denken Sie immer daran: Der Weg des Lebens hat auf beiden Seiten einen Graben. Wo die Mitte des Weges ist, erkennen Sie daran, dass Sie sich dort im Fluss des Lebens befinden werden.

Kapitel 29

Der Prophet

Im letzten Kapitel hatten wir unsere Betrachtung der in Epheser 4 genannten Zurüstungsdienste mit einem kurzen Blick auf den Dienst des Apostels begonnen. In diesem Kapitel wollen wir uns der nächsten Gruppe zuwenden, die in dieser Textstelle genannt wird – die Propheten. Im beschränkten Rahmen dieses Buches können wir alle diese Dienste freilich nur oberflächlich abhandeln. Wir werden daher jeweils nur einige wichtige Aspekte beleuchten.

Bei unserem Exkurs zum apostolischen Dienst hatten wir bereits davon gesprochen, dass jeder von uns zuweilen Dinge tun kann, die zum Aufgabenspektrum des Apostels gehören, ohne dass wir deshalb automatisch zum Apostel werden. Ebenso kann es sein, dass wir gelegentlich prophetische Eindrücke bekommen, ohne im eigentlichen Sinne Propheten zu sein. Paulus schrieb sogar: *„Ihr könnt alle prophetisch reden" (1. Korinther 14,31)*. Und in Apostelgeschichte 2,17 lesen wir:

> *Und es soll geschehen in den letzten Tagen, spricht Gott, da will ich ausgiessen von meinem Geist auf alles Fleisch; und eure Söhne und eure Töchter sollen weissagen, und eure Jünglinge sollen Gesichter sehen, und eure Alten sollen Träume haben.*

Wir sehen hier, was geschieht, wenn Gott seinen Geist ausgiesst. Eine Folge davon ist, dass Menschen weissagen werden – Junge wie Alte, Frauen wie Männer gleichermassen. Eine prophetische

Offenbarung allein kennzeichnet einen Menschen jedoch noch lange nicht als Propheten.

Was aber macht uns dann zum Propheten? Die Dienste, die hier in Epheser 4 genannt werden, sind Ämter, zu denen wir eingesetzt werden müssen. Die Berufung zu einem Dienst ist eine Sache, die Einsetzung eine andere. Bei Paulus z. B. lagen zwischen dem Zeitpunkt der Berufung und seiner Einsetzung zum Apostel viele Jahre.

Doch woher wissen wir, ab wann wir eingesetzt sind? Wenn Sie sich diese Frage überhaupt stellen müssen, dann deutet dies darauf hin, dass Ihre Einsetzung noch nicht erfolgt ist. Wenn der Herr Sie zu einem bestimmten Dienst eingesetzt hat, dann werden Sie es merken. In der Bibel werden ganz verschiedene Wege beschrieben, wie der Herr Menschen zu einem Dienst einsetzt; doch wie auch immer es geschehen mag, der Zeitpunkt der Einsetzung ist stets überdeutlich. Was aber ändert sich durch die Einsetzung? Was ist danach anders als davor?

Die Zeit zwischen der Berufung und der Einsetzung ist eine Periode der Vorbereitung zum Dienst. Möglicherweise tun wir schon all die Dinge, zu denen wir erst noch eingesetzt werden; und ganz ohne Frage wachsen wir in dieser Zeit in den geistlichen Gaben, die wir für unseren Dienst empfangen haben. Wenn jedoch die Einsetzung erfolgt ist, nimmt unsere Autorität und Salbung im Dienst zu. Die Einsetzung ist gewissermassen ein besonderes Siegel der Bestätigung vom Herrn selbst, dass er hinter unserem Dienst steht.

In der Welt achten wir im Allgemeinen die Position, die einem Menschen gegeben wurde, und aufgrund dieser Position ordnen wir uns ihm unter. Wenn jemand in der Armee das Rangabzeichen eines Hauptmanns trägt, dann wird man ihn seinem Rang gemäss behandeln. Die einen werden sich seiner Autorität unterordnen; wer dagegen einen höheren Rang hat, wird erwarten, dass der rangniedere Offizier seinen Befehlen Folge leistet. Dies hat überhaupt nichts damit zu tun, wer von beiden intelligenter oder begabter ist oder wer die besseren Führungsqualitäten besitzt. In der Gemeinde soll es nicht so sein. Wir suchen die

Leitung des Heiligen Geistes, und deshalb erkennen wir die Salbung und göttliche Vollmacht, die auf einem Menschen liegt. Dies kann man nur von einer geistlichen Warte aus begreifen und umsetzen. Dennoch muss die Gemeinde Jesu die Reife bekommen, so zu handeln, wenn sie ihrer Berufung in den letzten Tagen gerecht werden soll.

Was also unterscheidet Propheten von den anderen Zurüstungsdiensten? Propheten sind dazu berufen, auf einer strategischen Ebene vom Herrn zu hören. Ihre Aufgabe besteht nicht in erster Linie darin, zu lehren oder Bücher zu schreiben oder Lehrmeinungen richtig zu stellen. Ihr Auftrag ist es, den Willen Gottes im Hinblick auf bestimmte Situationen und Anliegen zu offenbaren. Empfänger dieser Offenbarung können Individuen, Gemeinden oder der Leib Jesu als Ganzes sein, unter Umständen sogar Regierungen, Firmen oder andere Organisationen, zu denen der Herr sprechen will.

Die Art und Weise, wie Propheten ihre Offenbarungen vom Herrn empfangen, ist in der Bibel so vielfältig wie die Charaktere der Propheten selbst. Sie kann die Form eines Eindrucks, eines Traums, einer Vision oder eines Wortes von Gott annehmen. Manchmal haben Propheten Begegnungen mit Engeln, werden vom Heiligen Geist an bestimmte Orte geführt oder sie begegnen gar dem Herrn selbst. Dies macht den prophetischen Dienst überaus aufregend und interessant. Es geht dem Herrn nicht nur darum, uns seine Botschaft verständlich zu machen; er tut es auf eine Weise, die zugleich sein Herz und sein innerstes Wesen offenbart. Aus diesem Grunde ist oftmals schon die Art, wie eine Offenbarung gegeben wird und wer der Empfänger ist, ein wichtiger Bestandteil der Botschaft selbst.

Weiterhin lesen wir, dass *„unser prophetisches Reden Stückwerk ist"*. Egal, wie spektakulär unsere Offenbarung auch sein mag, sie ist immer nur ein Ausschnitt des Gesamtpanoramas. Wenn wir also das ganze Panorama dessen, was Gott zu uns spricht, erkennen wollen, dann müssen wir es lernen, die Dinge, die Gott uns gezeigt hat, in einem grösseren Zusammenhang zu sehen und mit in Betracht zu ziehen, was er anderen offenbart hat. Aus diesem Grunde ist im Hinblick auf den prophetischen Dienst zumeist von „den Propheten“ in der Mehrzahl die Rede.

In Matthäus 23,34 spricht Jesus: *„Darum: Siehe, ich sende zu euch Propheten und Weise und Schriftgelehrte ...“* Um der Klarheit willen müssen wir diese drei Gruppen, die der Herr aussenden will, voneinander unterscheiden: 1. Propheten, 2. Weise und 3. Schriftgelehrte. Die Propheten empfangen Worte und Offenbarungen vom Herrn. Dann gibt es die Weisen, die mit ihrer Weisheit im Sinne des apostolischen Dienstes Aufbauarbeit leisten und Struktur geben können. Die Schriftgelehrten dagegen haben den Auftrag zu schreiben. Sie alle haben unterschiedliche Funktionen und ein spezifisches Mass an Autorität.

Gerade vor einiger Zeit konnte man dieses Prinzip sehr schön beobachten, als die Aktienmärkte immer weiter abrutschten. Ich habe mit Interesse verfolgt, wie der amerikanische Präsident versuchte, in einer Rede Zuversicht zu verbreiten und die Märkte zu stabilisieren, indem er betonte, wie gut es um die Wirtschaft bestellt sei. Doch die Kurse fielen unbeeindruckt weiter. Am nächsten Tag äusserte Alan Greenspan, der Chef der amerikanischen Notenbank, im Prinzip genau dieselben Dinge wie schon tags zuvor der Präsident. Diesmal reagierten die Kurse sofort positiv. Das Amt des Präsidenten hat im Prinzip ein grösseres Gewicht als das Amt des Notenbankchefs; doch wenn es um wirtschaftliche Fragen geht, gilt dessen Wort mehr. Beide versuchten, ein Problem in den Griff zu bekommen, das im Grunde geistlicher Natur ist, nämlich Angst. Alan Greenspan hat sich in seinem Amt über viele Jahre hinweg eine Glaubwürdigkeit erworben, die in der Wirtschafts- und Finanzwelt weithin unangefochten ist. Er ist auf seinem Gebiet ein Weiser. Der Präsident dagegen hat auf wirtschaftlichem Gebiet keine solche langjährige Expertise vorzuweisen. Deshalb hat der Notenbankpräsident in einigen Bereichen mehr geistliche Autorität, obwohl seine Position weit unterhalb der des Präsidenten steht.

Nun nehmen wir einmal an, jemand hätte über lange Zeit hinweg ein hohes Mass an Glaubwürdigkeit im prophetischen Dienst erworben, so dass man gemeinhin annimmt, dass die Dinge, die er sagt, tatsächlich von Gott stammen. Dies gäbe ihm noch einmal eine ganz andere Art von Autorität, als sie der Weise aufgrund seiner eigenen Weisheit vorzuweisen hat. Die Autorität im prophetischen Dienst, die daher rührt, dass man in der Vergangenheit richtig von Gott gehört hat, ragt über die Autorität rein menschlicher Weisheit hinaus. Eine solche geistliche Autorität bekommt man freilich nicht über Nacht, es sei denn, sie kommt in einer spektakulären übernatürlichen Weise plötzlich über einen. In der Schrift finden wir sowohl das eine wie das andere. Einige Propheten wurden von Gott durch übernatürliche Kraft bestätigt, andere dagegen nahmen ganz allmählich an Autorität zu, weil keine ihrer Weissagungen „zu Boden fiel". Im Allgemeinen beruht Autorität im prophetischen Dienst auf einer Kombination von beidem.

Wir müssen jedoch die prophetische Autorität von der Autorität der „Weisen" unterscheiden. Der Prophet wird von Gott ausgesandt, um seine Botschaft von ihm zu übermitteln, nicht nur um ein guter Ratgeber zu sein. Ebenso wie beim apostolischen Dienst dürfen wir uns auch hier nicht mit billigen Ersatzlösungen zufrieden geben.

In Apostelgeschichte 2,17 heisst es, dass die Ausgiessung des Heiligen Geistes *„in den letzten Tagen"* prophetische Weissagungen, Träume, Visionen und selbst *„Wunder oben am Himmel und Zeichen unten auf Erden"* hervorbringen wird. Wir leben heute in einem Zeitalter, in dem prophetische Gaben und Manifestationen stark zunehmen. So wie es in Apostelgeschichte 2,17 heisst, haben Alte wie Junge, Männer wie Frauen, *jeder*, Anteil daran. Deshalb ist es in diesen Zeiten, in denen der Geist ausgegossen wird, umso wichtiger, dass wir es lernen, das Amt des Propheten und die prophetische Offenbarung, die jedem zuteil wird, auseinander zu halten. Das Amt des Propheten hängt von einer göttlichen Berufung ab, nicht davon, wie gewaltig oder sogar bedeutsam die Offenbarung ist, die er empfängt.

Wie die anderen in Epheser 4 genannten Ämter dient auch der Dienst des Propheten vor allem dazu, die Heiligen zuzurüsten. Es reicht also nicht, dass der Prophet Offenbarungen von Gott empfängt; er sollte auch diejenigen zurüsten, zu denen er gesandt ist, so dass sie die Stimme Gottes hören und seinen Willen erkennen können.

Der prophetische Dienst umfasst viel mehr, als wir in diesem Buch abdecken können. Da dies jedoch einen der Hauptschwerpunkte unserer Arbeit bei „MorningStar Ministries" darstellt, haben wir eine ganze Reihe von Büchern und Kassetten zum Thema der prophetischen Dienstgaben anzubieten. Sie sind in vielen christlichen Buchläden erhältlich, bei MorningStar direkt oder beim Schleife Verlag.
(www.morningstarministries.org; www.schleife.ch).

Kapitel 30

Der Evangelist

Wir setzen unsere Bibelarbeit über die im vierten Kapitel des Epheserbriefs genannten Zurüstungsdienste fort, indem wir uns nun kurz dem Dienst des Evangelisten zuwenden.

Im neuen Testament finden wir über 20 Beispiele von Menschen, die als Apostel bezeichnet werden. Dagegen finden wir nur sehr wenige Propheten und nur einen einzigen Evangelisten, nämlich Philippus, in Apostelgeschichte 21,8. Paulus gibt Timotheus die Anweisung, *„das Werk eines Evangelisten"* zu tun (2. Timotheus 4,5), doch ansonsten wird Timotheus nirgends als Evangelist bezeichnet. Es ist sehr aufschlussreich, dass es für den Dienst des Evangelisten, ebenso wie übrigens auch für den des Pastors, keine wirklichen biblischen Beispiele gibt. Obwohl dies in der Anfangszeit der Gemeinde offensichtlich nicht der Fall war, ist das Amt des Evangelisten heutzutage der zweithäufigste Dienst im Leib Jesu.

Das griechische Wort, das hier mit Evangelist übersetzt wird, heisst *„euaggelistos"*, wörtlich übersetzt „Überbringer einer guten Nachricht". Dieser Begriff wurde von Anfang an zur Bezeichnung derer verwendet, die das Evangelium predigten.

In gewisser Weise waren auch die Apostel Evangelisten. Dies jedoch war nur eine ihrer vielen Aufgaben. Dann gab es jene, deren Dienst nur darin bestand, das Evangelium zu predigen und den Menschen die Gelegenheit zur Wiedergeburt zu präsentieren. Philippus, der mit Stephanus zusammen als Diakon der Gemeinde in Jerusalem eingesetzt wurde, ist das einzige Beispiel für den Dienst des Evangelisten, das uns im Neuen Testament überliefert wird. In Apostelgeschichte 8 lesen wir, dass er seinen Dienst allein versah und dass er sich darauf beschränkte, Menschen zur Bekehrung zu führen. Er brauchte also die Apostel, um die Menschen, die er zum Glauben geführt hatte, in eine Gemeinde einzubinden. Obwohl Philippus erstaunliche Zeichen und Wunder vollbrachte, die die ganze Stadt in Aufruhr versetzten, waren es die Apostel, die mit den Leuten um die Taufe mit dem Heiligen Geist beteten.

Dann erleben wir, wie Philippus gerade dann, als die Erweckung ihren Höhepunkt erreicht, vom Heiligen Geist aus der Stadt herausgeführt wird, um einem einzelnen Mann in der Wüste das Evangelium zu bringen. Hier zeigt sich, dass Philippus nicht nur eine aussergewöhnliche Sensibilität gegenüber dem Heiligen Geist besass; er war auch bereit, sich den anderen Diensten, in diesem Fall den Aposteln, unterzuordnen. Philippus war sich also seiner eigenen Begrenzungen sehr wohl bewusst. Auch beanspruchte er die Frucht seiner Arbeit nicht für sich selbst.

In den USA haben es vor allem die „Southern Baptists" wie sonst kaum eine andere Denomination verstanden, das Amt des Evangelisten zu fördern. Wenn jemand aus ihren Reihen diese Gabe an den Tag legt, dann wird dem ein grosser Stellenwert eingeräumt. Die „Southern Baptists" unterstützen die Feldzüge und Missionseinsätze ihrer Evangelisten mit grossem Engagement. Die bekannteren unter ihnen, wie Billy Graham, versuchen in jeder Stadt, in der sie eine Veranstaltung abhalten, mit dem gesamten Leib Christi zusammenzuarbeiten. Es ist daher nicht weiter verwunderlich, dass einige der bedeutendsten Evangelisten unserer Zeit aus den Reihen der „Southern Baptists" stammen.

Viele haben die Aufforderung des Paulus an Timotheus – *„tu das Werk eines Evangelisten"* – so verstanden, als seien damit wir alle gemeint. Ganz ohne Frage sollten wir stets bereit sein, anderen von der Hoffnung Zeugnis zu geben, die wir in uns tragen. Wir müssen uns auch vor Augen halten, was empirische Studien immer wieder gezeigt haben, dass über 95 Prozent derer, die sich zum christlichen Glauben bekehren, durch einen Freund oder Verwandten gewonnen werden. Das heisst: Nicht einmal fünf Prozent werden durch Evangelisationsveranstaltungen, christliches Fernsehen, Traktate oder andere evangelistische Methoden erreicht. Dies führt uns wieder zurück zu unserem Ausgangspunkt, dass nämlich der Dienst des Evangelisten, so wie auch die anderen Ämter, die in Epheser 4,11 genannt werden, in erster Linie der Zurüstung der Gemeinde dient.

Die besondere Aufgabe des Evangelisten besteht darin, in der Gemeinde Jesu eine Liebe für die Verlorenen zu entfachen und die Leidenschaft zu wecken, dass wir die Welt mit dem Evangelium erreichen. Es ist überhaupt nichts Aussergewöhnliches, dass 95 Prozent derer, die zu Jesus finden, durch das Zeugnis von einzelnen Gläubigen gewonnen werden. Genauso sollte es sein; und die Tatsache, dass es so ist, dürfen wir als Beleg dafür werten, dass die Evangelisten in der Gemeinde unserer Tage ihrer Aufgabe gerecht werden.

Doch obwohl die Erfolgsrate stimmt – was die Methoden anbelangt, ist es doch auffällig, dass die Zahl der Neubekehrungen in aller Welt stark zunimmt, nur nicht in Nordamerika und Westeuropa. Hier hat die Gemeinde ihren grössten Niedergang erlebt. Nirgends sind theologische und moralische Massstäbe tiefer abgeschmolzen, und nirgends hat die Kirche ihre Glaubwürdigkeit stärker eingebüsst als in der westlichen Welt. Da die Evangelisation sich in aller Regel auf Beziehungen gründet, gibt es nichts Wichtigeres, als die Gemeinde zu ermutigen, wieder das zu werden, was sie eigentlich sein soll. Wo Werteverfall, Unreinheit und Irrlehren grassieren, da wird das Licht verdunkelt und die Gemeinde verliert ihre Fähigkeit, für das Licht zu zeugen.

In 2. Korinther 13,5 mahnt Paulus die Gemeinde: *„Erforscht euch selbst, ob ihr im Glauben steht; prüft euch selbst!“* Ein ganz praktisches Kriterium dafür ist die Frage, inwieweit wir andere Menschen mit dem Evangelium erreichen. Unabhängig davon, wie es ansonsten um unsere geistliche Reife bestellt ist – wir leben nicht wirklich im Licht, wenn das Licht nicht durch uns zu anderen durchdringt und sie freisetzt. In der Bibel, ebenso wie in der Kirchengeschichte, ist dies ein untrügliches Kennzeichen derer gewesen, die im Licht leben. Es gibt immer eine Fülle von Ausflüchten, warum wir die Menschen um uns herum nicht erreichen; aber wir müssen endlich aufhören, uns etwas vorzumachen und uns ernsthaft die Frage stellen, wo die Ursachen dafür liegen.

Einer der ganz praktischen Schritte, die wir bei uns, in unserer Gemeinde, ergriffen haben, besteht darin, dass wir in nahezu jedem Gottesdienst, unabhängig davon, worum es in der Predigt ging, am Ende einen kurzen, aber unmissverständlichen Aufruf zur Bekehrung geben. Infolgedessen erleben wir in fast jedem Gottesdienst mindestens eine Neubekehrung, oft sogar mehrere. Angeregt wurden wir dazu durch eine empirische Studie, wonach weniger als 25 Prozent der Gottesdienstbesucher in charismatischen und pfingstlerischen Gemeinden die Taufe im Heiligen Geist erlebt haben. Andere Studien belegen, dass es selbst in konservativ evangelikalen Gemeinden eine Mehrheit von Menschen geben kann, die noch keine Wiedergeburt erfahren haben.

Ein Freund von mir war einmal in einer der bekanntesten und renommiertesten evangelikalen Gemeinden der USA zu Gast. Im Anschluss an seine Predigt sprach er noch eine kurze Bekehrungsbotschaft und machte einen Altarruf. Eigentlich hätte er erwartet, dass nur eine Hand voll Leute nach vorne kommen. Er musste jedoch mit Erschrecken feststellen, dass sich buchstäblich Hunderte von ihren Plätzen erhoben und zum Altar strömten, um eine persönliche Wiedergeburt zu erleben. Der Pastor der Gemeinde war so peinlich berührt, dass er den Gastredner später beschuldigte, er habe Druck ausgeübt und den Leuten Schuldgefühle eingeredet. Dies war jedoch überhaupt nicht der Fall gewesen. Diese Leute kamen in die Gemeinde, weil sie sich dort zugehörig fühlten und weil es ihnen etwas bedeutete. Obwohl nicht wenige von ihnen seit Jahren treue Mitglieder dieser Gemeinde gewesen waren, hatte ihnen bis dahin noch niemand gezeigt, wie sie wiedergeboren werden können. Niemand hatte jemals ein Lebensübergabegebet mit ihnen gesprochen.

Natürlich könnten wir hier auch genauso gut auf jene Gemeinden zu sprechen kommen, die so sehr darauf fixiert sind, Menschen zur Lebensübergabe zu führen, dass sie darüber ihre Aufgabe vergessen, denjenigen, die sich bereits bekehrt haben, zur Reife zu verhelfen. Mir scheint jedoch, dass wir im Allgemeinen dazu neigen, zu viel vorauszusetzen. Viele gehen einfach davon aus, dass die Leute, die zu ihnen in die Gemeinde kommen, bereits wiedergeboren sind, obwohl sie es häufig gar nicht sind. Natürlich müssen wir die Veranstaltungen in der Gemeinde auf die Menschen ausrichten, die bereits Christen sind – und dies tat sicherlich auch der Pastor der oben genannten Gemeinde. Doch wenn wir die Menschen, die zu uns kommen, in angemessener Weise für den Dienst der Evangelisation zurüsten würden, dann wären diese Mitglieder unserer Gemeinde imstande, andere ganz einfach im Alltag zur Bekehrung zu führen. Jeder Hauskreis und jeder Gebetskreis wäre ein Ort, an dem Menschen wiedergeboren werden. An der Arbeit, beim Einkaufen, auf dem Golfplatz, überall würden Menschen zu Jesus finden.

Auch den Dienst des Evangelisten können wir hier nur in aller Kürze streifen. Es geht mir hier lediglich darum, etwas in Ihnen zum Schwingen zu bringen, damit verborgene Gaben ans Licht kommen können. Wenn in jeder Gemeinde nur eine einzige Person dazu angeregt würde, ihre Gaben zu ergreifen, dann würden dadurch schon bald viele andere angesteckt. Sollten Sie sich angesprochen fühlen, dann bitte ich Sie, den Herrn in dieser Angelegenheit zu suchen. Was könnte es Wichtigeres in Ihrem Leben geben, als auch nur einen einzigen Menschen zur Errettung zu führen?

Kapitel 31

Der Pastor

Im Rahmen unserer Betrachtung der in Epheser 4,11 genannten Zurüstungsdienste kommen wir nunmehr zum Amt des Pastors. Wir hatten ja bereits erwähnt, dass im Neuen Testament über 20 Personen genannt werden, die die Bezeichnung Apostel tragen, einige wenige Propheten und nur ein einziger Evangelist, Philippus. Dagegen finden wir im ganzen Neuen Testament nicht eine einzige Person, die als Pastor bezeichnet wird. Epheser 4,11 ist die einzige Stelle im Neuen Testament, wo dieser Dienst überhaupt erwähnt ist. Das wirft natürlich eine nicht ganz unwichtige Frage auf: Wie kann es sein, dass dieser Dienst, der überhaupt nur einmal genannt ist und für den uns keine Definition und nicht ein einziges Beispiel gegeben wird, die Gemeinde heutzutage so sehr dominiert?

Es wäre sicherlich voreilig, dies deshalb gleich automatisch als eine Fehlentwicklung anzusehen. Auch wenn wir ansonsten im Neuen Testament kein Beispiel für die Funktion des Pastors finden können, so gibt uns die Bibel, zumindest indirekt, sehr wohl eines, nämlich Jesus selbst. Wie bei jedem der genannten Dienste ist Jesus auch hier unser zentraler Bezugspunkt. Jesus übt sein Hirtenamt aus, indem er seiner Herde vorangeht und sie liebevoll leitet. In unserer Zeit tut er dies in erster Linie mit Hilfe derer, denen er das Pastorenamt anvertraut hat.

Das griechische Wort, das mit *„Pastor"* übersetzt wird, ist *„poimen"*, was so viel bedeutet wie „Hirte", jemand, der eine Herde umfassend versorgt. Dies beinhaltet bei weitem nicht nur das Füttern; der Hirte muss die Herde auch gegen Feinde verteidigen, er muss für die Gesundheit der Tiere sorgen, er muss die Weiden nach giftigen Pflanzen absuchen und er muss für ausreichend frisches Wasser sorgen. Ähnlich umfassend sind auch die Aufgaben des Hirtendienstes in der Gemeinde.

An dieser Stelle sei erwähnt, dass auch die Ältesten in der Gemeinde mit Hirtenaufgaben betraut sind. So lesen wir in Apostelgeschichte 20,28-30:

> *So habt nun Acht auf euch selbst und auf die ganze Herde, in der euch der Heilige Geist eingesetzt hat zu Bischöfen, zu weiden die Gemeinde Gottes, die er durch sein eigenes Blut erworben hat. Denn das weiss ich, dass nach meinem Abschied reissende Wölfe zu euch kommen, die die Herde nicht verschonen werden. Auch aus eurer Mitte werden Männer aufstehen, die Verkehrtes lehren, um die Jünger an sich zu ziehen.*

Es sei ebenfalls vermerkt, dass diese Anweisung sich an „die Ältesten“ in der Mehrzahl richtet. Nirgends im Neuen Testament finden wir eine einzelne Person, die als „der Pastor der Gemeinde“ bezeichnet wird. Ganz offenkundig war die Versorgung der Herde eine Aufgabe, die einer Gruppe von Leuten zugedacht war. Das bedeutet freilich nicht, dass alle Pastoren und Ältesten hinsichtlich ihrer Autorität auf einer Stufe standen. Das neutestamentliche Muster für Leiterschaft sieht normalerweise vor, dass einer die Gesamtverantwortung übernimmt und den anderen vorsteht, so wie es Petrus und Jakobus in Jerusalem taten. Dennoch gab es immer auch ein Team von Aposteln und Ältesten. In der Herde Gottes kann niemals einer allein allen Aufgaben gerecht werden. Schafe, die auf eine einzige Person angewiesen sind, die versucht, allen alles zu sein, bleiben unweigerlich unterversorgt.

Und doch werden Pastoren immer wieder mit Klagen und Anklagen bombardiert: „Wenn wir doch nur einen besseren Pastor hätten, dann ginge es mir (oder meinen Kindern, oder meinem Dienst in der Gemeinde ...) viel besser!“ Die Erwartungen, die vielfach an Pastoren gestellt werden, sind nicht nur unrealistisch, sie sind schlichtweg brutal und unmenschlich. Selbst der beste Pastor ist nicht Gott, und kein Pastor kann Gottes Stelle in unserem Leben einnehmen.

Dennoch hat uns Gott das Gleichnis vom Hirten und den Schafen nicht von ungefähr gegeben, weil es hier im Hinblick auf die Beziehungen zwischen Herde und Hirten in der Gemeinde gewisse Parallelen gibt. Ein guter Hirte ist, wie der Herr selbst, nicht nur eine angeheuerte Aushilfskraft, die lediglich das tut, wofür sie bezahlt wird; er liebt die Schafe so sehr, dass er sein eigenes Leben für sie geben würde. Ein guter Hirte wird seine Schafe immer auf die besten Weiden führen, ihnen das sauberste Wasser geben und mit Argusaugen darauf achten, dass ihnen nichts zustösst.

Eines der wichtigsten Anliegen, damit die Herde gesund bleibt, ist das Kreuzen mit anderen Herden. Wenn es einen solchen Gen-Austausch nicht gibt, dann wird die Herde von Generation zu Generation anfälliger für Krankheiten. Dasselbe gilt auch für die Gemeinde. Wenn wir nicht die Gemeinschaft und den Austausch mit anderen Gemeinden und Gruppierungen pflegen, die unterschiedliche Schwerpunkte haben, dann werden wir uns zu unserem Nachteil entwickeln. Deshalb tun Hirten, die ihre Gemeinde abschotten und im Umgang mit anderen Teilen des Leibes Christi grosse Berührungsängste haben, ihrer „Herde" auf die Dauer nichts Gutes. Die Schäden, die ihre Gemeinde dadurch erleidet, sind vermutlich weitaus schwerwiegender als die Probleme, die sich mitunter durch einen solchen Austausch ergeben können.

Im Neuen Testament sehen wir, dass die Apostel sich selbst als Älteste bezeichneten. Dies sollten wir freilich nicht so verstehen, dass sie sich als Älteste einer oder mehrerer Gemeinden angesehen hätten. Sie waren vielmehr Älteste im Leib Christi, deren Autorität weit über eine einzelne Gemeinde hinaus reichte. Es gibt im Leib Jesu bestimmte Sphären von Autorität und Einfluss, die wir einerseits anerkennen und respektieren müssen, die wir andererseits aber auch nicht überschreiten dürfen.

Ich meine damit, dass selbst ein Apostel, der einer ganzen Bewegung vorsteht und somit als Hirte die letzte Verantwortung für sie trägt, nicht in die Einflusssphäre der Ältesten und Leiter eingreifen sollte, denen er bestimmte Verantwortungsbereiche delegiert hat, es sei denn, sie bitten ihn ausdrücklich darum. Deshalb wurden viele der Briefe, die wir im Neuen Testament finden, als Antwort auf bestimmte Fragen aus der Gemeinde verfasst.

Im Übrigen heisst es in 1. Korinther 11,3, dass *„Christus das Haupt eines jeden Mannes ist"*. Das bedeutet, dass es Dinge im Leben eines jeden Gläubigen gibt, die nur ihn etwas angehen und in die ich ihm nicht hineinzureden habe, selbst wenn ich Apostel wäre. So würde ich mich in Ehe- und Familienangelegenheiten grundsätzlich nicht einmischen, es sei denn, es liegen z. B. bestimmte Vergehen vor, die auch andere in der Gemeinde betreffen. In diesem Falle würde ich freilich nicht zögern, von meiner Autorität Gebrauch zu machen, um der Person selbst willen, um ihrer Familie willen und um der Gemeinde willen. Dennoch sollten wir dabei immer auf eine Weise verfahren, die allen Beteiligten den grösstmöglichen Respekt entgegenbringt, und niemals irgendjemanden übergehen, dem wir Autorität delegiert haben.

Echte Autorität ist immer darauf bedacht, auch anderen grössere Autorität und Verantwortung einzuräumen. Echte geistliche Autorität wird immer versuchen, Menschen ein ausreichendes Mass an Weisheit und Reife zu vermitteln, so dass sie schliesslich unserer Autorität entwachsen und ihrerseits Autorität und Verantwortung übernehmen können. Selbst der König der Könige sagte seinen Jüngern, es wäre gut für sie, dass er weggeht, damit der Geist Gottes künftig direkt auf sie kommen kann. Dies war die allerbeste Möglichkeit, wie sie in ihm wachsen konnten. Ab einem bestimmten Punkt lässt sich die Metapher vom Hirten und den Schafen für den Bereich der geistlichen Fürsorge und Leiterschaft nicht mehr anwenden. Letztendlich sollte es uns immer darum gehen, dass unsere Schafe selbst zu Hirten werden. Deshalb sprechen wir ja auch von einem „Zurüstungsdienst".

Wie bei den anderen Zurüstungsdiensten auch, ist das eigentliche Ziel die Zurüstung der Heiligen zum Dienst im Reich Gottes. Aufgabe des Propheten ist es nicht nur, Weissagungen zu geben, sondern die Heiligen dafür auszurüsten, dass sie die Stimme des Herrn besser hören und ihrerseits als Sprachrohr Gottes dienen können. Ein Evangelist predigt nicht nur das Evangelium, er steckt die Gemeinde mit seiner Leidenschaft an und vermittelt ihr das nötige Handwerkszeug. Dasselbe gilt für den Dienst des Pastors: Durch sein Beispiel wird jeder in der Gemeinde angeregt, sich von dem Hirtenherz unseres Guten Hirten prägen zu lassen – zumindest zu einem gewissen Grade. Jeder von uns sollte imstande sein zu erkennen, wenn ein Bruder oder eine Schwester in Not ist, und wissen, wie man ihnen eventuell helfen kann.

Ein Grundprinzip, das wir im Hinblick auf den Dienst des Pastors immer im Auge behalten müssen, ist, dass die treibende Kraft für den Dienst des Pastors nicht in erster Linie die Liebe zur ihm anvertrauten Herde ist, sondern die Liebe zum Herrn. Natürlich müssen wir auch die Herde lieben; aber wenn wir nicht den Herrn an allererster Stelle lieben, dann werden wir die Gemeinde aus den falschen Motiven heraus lieben. Das war es auch, was Jesus Petrus in Johannes 21,15-17 zu vermitteln suchte:

> *Als sie nun gefrühstückt hatten, spricht Jesus zu Simon Petrus: Simon, Sohn des Johannes, liebst du mich mehr als diese? Er spricht zu ihm: Ja, Herr, du weisst, dass ich dich lieb habe. Spricht er zu ihm: Weide meine Lämmer!*
>
> *Wiederum spricht er zum zweiten Mal zu ihm: Simon, Sohn des Johannes, liebst du mich? Er spricht zu ihm: Ja, Herr, du weisst, dass ich dich lieb habe. Spricht er zu ihm: Hüte meine Schafe!*
>
> *Er spricht zum dritten Mal zu ihm: Simon, Sohn des Johannes, hast du mich lieb? Petrus wurde traurig, dass er zum dritten Mal zu ihm sagte: Hast du*

mich lieb? Und sprach zu ihm: Herr, du weisst alles; du erkennst, dass ich dich lieb habe. Jesus spricht zu ihm: Weide meine Schafe! (Elberfelder)

Wir sehen hier, wie Petrus – wenn er Jesus lieb hätte – von ihm beauftragt wird, 1. seine Lämmer zu weiden, 2. seine Schafe zu hüten und 3. seine Schafe zu weiden. An erster Stelle erwähnt Jesus die Jungtiere; und danach spricht er davon, dass Petrus die Schafe hüten und weiden solle. All das werden auch wir tun, wenn wir Jesus lieb haben.

Kapitel 32

Der Lehrer

Der Dienst des Lehrers ist zwar der letzte der Zurüstungsdienste, die in Epheser 4,11 aufgezählt werden; er ist jedoch die Basis für alle anderen. Zurüstung umfasst die Vermittlung von Wissen ebenso wie praktisches Training und die persönliche Weitergabe von geistlicher Einsicht und Vollmacht. Der Dienst des Lehrers konzentriert sich vor allem darauf, in Verbindung mit dem Heiligen Geist Wissen über Gott zu vermitteln, so wie es in der Bibel offenbart ist.

Auch für den Dienst des Lehrers werden uns im Neuen Testament keine direkten Beispiele genannt, wenn es auch in Apostelgeschichte 13,1 eine Liste von fünf Männern gibt, die als „Propheten und Lehrer" bezeichnet werden. Offenbar waren einige von ihnen Propheten und die anderen Lehrer. Wer genau das eine und wer das andere war, lässt sich anhand dieser Beschreibung nicht ermitteln. Dennoch sehen wir hier ein wichtiges Prinzip. Wo Propheten und Lehrer miteinander Gott anbeteten, dort wurde apostolischer Dienst geboren. Diese beiden Dienste müssen auch in unserer Zeit in besonderer Weise zusammenfinden, damit apostolischer Dienst wieder neu hervorgebracht wird.

Lehrer sind in aller Regel praktisch ausgerichtet, während Propheten eher visionär denken; d. h. sie beschäftigen sich mehr damit, wo wir sein müssten, und weniger, wie wir dorthin gelangen können. Wenn diese beiden Dienste zusammenarbeiten, dann werden sie in aller Regel zu einem dynamischen und starken Team, das sehr viel Gutes hervorzubringen vermag. Wenn die beiden dagegen getrennt voneinander wirken, dann sind sie oft nicht nur unwirksam, sie können sogar schädlich sein. Lehrer, die nicht mit Propheten zusammenarbeiten, sind so sehr an der Praxis orientiert, dass ihre Lehre zwar biblisch richtig sein mag, ihnen jedoch das visionäre Feuer fehlt, ohne das es keinen Fortschritt geben kann. Propheten schliesslich, die nicht mit Lehrern zusammenwirken, können zwar alles um sich herum gehörig auf Touren bringen, doch am Ende weiss keiner so recht, was er eigentlich tun soll.

Die Zurüstungsdienste sind dazu bestimmt, als Team zusammenzuwirken. Ihr harmonisches Zusammenspiel gibt der christlichen Leiterschaft eine Dynamik, die in der Welt unerreicht ist. Jeder für sich genommen kann wohl einiges erreichen, doch bei weitem nicht so viel, wie sie alle im Verbund miteinander zu tun vermögen. Dies bedeutet keineswegs, dass sie die ganze Zeit zusammen sein müssten. Im Neuen Testament finden wir immer wieder, dass ein Team in eine Stadt kommt, um eine Gemeinde zu gründen oder eine bestehende Gemeinde zu besuchen. Ein anderes Mal kommt ein anderes Team und führt die Arbeit weiter. Paulus schreibt, auf diese Weise würden einige pflanzen, andere giessen, doch Gott sei es, der das Gedeihen schenkt.

Nun noch einmal zum spezifischen Dienst des Lehrers. Im Herzen des Lehrers schlägt eine ganz besondere Liebe zur Wahrheit. Aus dieser Liebe heraus erforscht er die Schrift, die Quelle der Wahrheit schlechthin. In 1. Korinther 2,10 finden wir ein wichtiges Grundprinzip im Hinblick auf den Dienst des Lehrers: *„Uns aber hat es Gott offenbart durch seinen Geist; denn der Geist erforscht alle Dingen, auch die Tiefen der Gottheit.“* Der Geist drängt uns, Gott tiefer zu verstehen, und nur er kann uns diese Tiefen offenbaren. Aus diesem Grunde muss der Lehrer dem Heiligen Geist gegenüber ebenso sensibel sein wie jeder andere der Zurüstungsdienste auch. Die Kunst der Hermeneutik mag hier eine wertvolle Hilfe sein; aber wenn wir anfangen, sie an die Stelle des Heiligen Geistes zu setzen, dann wird sie uns unweigerlich in die Irre führen. Die geistlichen Wahrheiten Gottes können wir nicht mit wissenschaftlichen Methoden ergründen, sie können uns nur durch den Geist der Wahrheit offenbart werden. Dies ist einer der Hauptgründe, weshalb uns der Heilige Geist gegeben wurde, nämlich um uns in alle Wahrheit zu leiten.

Die Hauptaufgabe des Lehrers besteht nicht darin, der Gemeinde Wissen zu vermitteln, sondern die Liebe zur Wahrheit. Dies wird die Heiligen dazu veranlassen, selber nach der Wahrheit zu forschen, eine Grundvoraussetzung für jedes echte Wachstum im Glauben. Ins Reich Gottes kommt man nicht, weil man jemanden kennt, der Gott kennt, sondern weil man sich irgendwann auf dem Weg einmal selber mit Gott bekannt gemacht hat. Wir müssen die Wahrheit selber ergreifen. Ein echter Lehrer entfacht in uns eine solche Liebe zur Wahrheit Gottes, dass jeder, der ihn hört, in sich den unwiderstehlichen Drang verspürt, das Wort selber zu erforschen.

Kapitel 33

Das Ziel des Dienstes

In den letzten Kapiteln haben wir jeweils in aller Kürze die fünf Zurüstungsdienste besprochen, die in Epheser 4,11 genannt werden. Wir wollen nun noch etwas weiter in die Tiefe gehen und uns fragen, wozu sie eigentlich dienen. Wir hatten ja bereits wiederholt erwähnt, dass all diese Ämter eingesetzt wurden, *„zur Ausrüstung der Heiligen für das Werk des Dienstes, für die Erbauung des Leibes Christi" (Epheser 4,12; Elberfelder)*. Was aber ist damit gemeint?

Wenn wir an Zurüstung denken, dann denken wir oft an Lehre. Es ist jedoch weit mehr als das. Training ist bereits mehr als Lehre, doch die Zurüstung geht noch einen Schritt weiter. Ein Beispiel: Als Soldat erhält man zunächst theoretische Unterrichtsstunden, in denen man etwas über Waffentechnologie und Gefechtstaktik erfährt. Danach geht es auf den Übungsplatz, wo man lernt, das theoretische Wissen umzusetzen. Die eigentliche Zurüstung erfolgt jedoch erst, wenn man wirklich scharfe Munition ausgehändigt bekommt. In der Gemeinde ist es ganz ähnlich. In 2. Korinther 10,3-4 lesen wir dazu:

> *Denn obwohl wir im Fleisch leben, kämpfen wir doch nicht auf fleischliche Weise. Denn die Waffen unseres Kampfes sind nicht fleischlich, sondern mächtig im Dienste Gottes, Festungen zu zerstören.*

Wenn Sie wissen wollen, ob wir als Gemeinde Jesu unserer Aufgabe in dieser Zeit gerecht werden, brauchen Sie sich nur eine

Frage zu stellen: Wie viele Christen kennen Sie, die wirklich von Gott mit Kraft ausgerüstet wurden, um Festungen des Bösen zu zerstören? Jeder Christ sollte schon eine ganze Reihe von Kerben in seinen Speer hineingeritzt haben, aufgrund der Festungen, die er niedergerissen hat! Warum ist das bei uns nicht der Fall?

Ob in den Medien oder in den Lehrplänen unserer Schulen – überall in der Welt werden mehr und mehr mächtige Festungen aufgerichtet, die Menschen von der Wahrheit abziehen und zum Bösen verführen. Wo sind die mächtigen Waffen im Dienste unseres Gottes, um diese Festungen zu zerstören? All die Demonstrationen und Mahnwachen gegen die neuesten Vorstösse des Bösen in unserer Gesellschaft sind letztlich doch nur Kraftverschwendung und bewirken herzlich wenig. Irgendwie muss es einfach mehr an Vollmacht geben, als wir momentan erleben.

Es gibt keine mächtigere Waffe als die Wahrheit, wenn sie in der Salbung des Heiligen Geistes ausgesprochen wird. Um diese Waffe wirkungsvoll einsetzen zu können, muss unser Herz selbst eine mächtige Festung der Wahrheit sein. Unsere erste und vornehmste Aufgabe ist es, den Leib Jesu zu erbauen, so dass er zu einer uneinnehmbaren Festung der Wahrheit und Gerechtigkeit wird. Dann kann uns die nötige prophetische Salbung gegeben werden, um die Finsternis zu durchschauen und blosszustellen und die Menschen zu den Eckpfeilern der Gerechtigkeit zurückzuführen, die bereits von der Schöpfung her in unserem Bewusstsein verankert sind. In Römer 1,20 heisst es:

> *Denn Gottes unsichtbares Wesen, das ist seine ewige Kraft und Gottheit, wird seit der Schöpfung der Welt ersehen aus seinen Werken, wenn man sie wahrnimmt, so dass sie keine Entschuldigung haben.*

Die gerechten Ordnungen Gottes sind nicht nur in in der Schöpfung selbst niedergelegt, sie sind auch im Gewissen eines jeden Menschen verankert. Natürlich kann unser Gewissen abstumpfen, wenn wir uns beständig darüber hinwegsetzen; doch das innere Wissen darum, was gut und richtig ist, gehört zur schöpfungsgemässen Grundausstattung der Menschheit. Unser tiefstes Sehnen ist es, mit unserem ganzen Leben fest auf dem Fels der Wahrheit zu stehen und auch anderen dazu zu verhelfen, die Ketten der Finsternis abzustreifen und im Licht zu leben.

Eines der eindrucksvollsten Beispiele dafür, wie die Welt durch die Macht der Wahrheit verändert werden kann, ist das Leben und Wirken von Johannes Calvin. Einmal abgesehen davon, was wir im Einzelnen von seiner Theologie halten mögen, ist er doch zweifelsohne einer der bemerkenswertesten Menschen, die je gelebt haben. Was er zu seiner Zeit in Genf vollbrachte, wäre heutzutage gleichbedeutend damit, dass ein Gemeindepastor durch die Kraft seiner Predigten das gesamte politische Geschehen einer Weltstadt prägt. Ohne überhaupt ein politisches Amt inne zu haben – Calvin war noch nicht einmal Schweizer Bürger –, regierte er die Stadt Genf mehr als jeder politische Würdenträger seiner Zeit allein durch seine Verkündigung des Wortes Gottes. Eine Predigt von Calvin vermochte es, Festungen im Denken der Menschen einzureissen, weit über die Grenzen der Stadt hinaus, ja sogar weit über seine Zeit hinaus. Ohne seine Zustimmung wurde seinerzeit in Genf kein Gesetz und keine Vorschrift erlassen; und seine Meinung zu einer Angelegenheit hatte grösseres Gewicht als die aller anderen Stadtoberhäupter zusammengenommen. Wie war das möglich? Mit der Kraft der Salbung des Heiligen Geistes sprach er die grossen Themen seiner Zeit an und brachte göttliche Klarheit in die Gemüter. Weil er seine Standpunkte unerschütterlich vertrat und selber lebte, was er lehrte, war er praktisch unangreifbar.

Allein durch eine charismatische Persönlichkeit lässt sich ein solches Mass an Einfluss nicht erklären. Dazu bedurfte es einer besonderen geistlichen Autorität, die uns der Herr freilich nicht einfach so in den Schoss fallen lässt. Dennoch sollte jeder Christ danach streben, dass das Licht, das er in sich trägt, in seinem Umfeld mehr Einfluss bekommt, als es jede Macht oder Philosophie aus der Hölle jemals haben könnte. Die Christen im ersten Jahrhundert hatten diese Autorität, und auch wir sollten uns nicht mit weniger zufrieden geben.

Damit dies geschehen kann, muss die Gemeinde in einer ganz neuen Weise vorbereitet, ausgebildet und zugerüstet werden. Wie junge Rekruten, so müssen wir als Christen zunächst die Grundbegriffe der Gerechtigkeit Gottes lernen, wie wir unser Leben als Kinder Gottes leben sollten ebenso wie die Taktiken des Feindes. Wir müssen Gelegenheit haben, das Gelernte zu trainieren, so wie Soldaten auf dem Übungsplatz lernen, mit ihren Waffen umzugehen und zu schiessen. Unser Leben als Christ sollte uns mindestens ebenso viel Einsatzbereitschaft und Hingabe abfordern wie die Ausbildung einer militärischen Sondereinheit.

Es gibt überhaupt nichts Herausfordernderes und Abenteuerlicheres als wahres Christentum, aber auch nichts Erfüllenderes. Es ist das Abenteuer schlechthin, viel mehr, als lediglich jede Woche ein paar langweilige Treffen zu besuchen. Diese Realität müssen wir wieder ganz neu ergreifen. Uns hat Gott seine Wahrheit anvertraut.

Wir können davon ausgehen, dass es genau so kommen wird, bevor dieses Zeitalter zu Ende geht. Allerdings führt kein Weg daran vorbei, dass die Gemeinde wieder zu jener hoch disziplinierten geistlichen Armee wird, welche die ihr anvertrauten Gaben und Dienste wirkungsvoll einzusetzen vermag. Diese Gemeinde wird das Kraftvollste und Herrlichste sein, was die Welt je gesehen hat. Damit dies geschehen kann, müssen die Ämter des fünffältigen Dienstes als Team zusammenwirken, so wie es eigentlich sein sollte, und jene elementare Aufgabe wahrnehmen, die ihnen zugedacht ist: die Heiligen für ihre Berufung zuzurüsten.

TEIL V

Auf festem Grund

Bibelarbeit über Epheser 4,14-32

Kapitel 34

Festigkeit und ein klares Unterscheidungsvermögen

In diesem fünften Teil unserer Betrachtung werden wir uns mit den letzten Versen des vierten Kapitels im Epheserbrief befassen. Sie enthalten wichtige Hinweise, wie wir als Christen ein solides Fundament bekommen können. In diesem Kapitel wollen wir uns zunächst Epheser 4,14 zuwenden:

> *Wir sollen nicht mehr unmündige Kinder sein, ein Spiel der Wellen, hin und her getrieben von jedem Widerstreit der Meinungen, dem Betrug der Menschen ausgeliefert, der Verschlagenheit, die in die Irre führt. (Einheitsübersetzung)*

Diesen Zustand der Reife erlangen wir, indem wir durch die zuvor genannten Gaben zugerüstet werden. Andersherum betrachtet könnten wir sagen, dass die Ursache für den Mangel an Reife und Festigkeit unter Christen darin besteht, dass sie häufig nur einen dieser fünf Dienste erleben, wie es in einem nicht geringen Teil des Leibes Christi der Fall ist. In der Tat ist es ein Merkmal einer Sekte, dass eine Gruppe lediglich auf einen Propheten oder Lehrer hört.

Damit wir als Gemeinde in unsere Bestimmung hineinwachsen, muss jeder der genannten Zurüstungsdienste seinen Beitrag leisten, nicht nur einer oder zwei. Auch bei einer weltlichen Ausbildung bedarf es verschiedener Lehrer, die jeweils unterschiedliche Fächer unterrichten. Jedes von ihnen ist ein notwendiger Teil der Vorbereitung auf die Tätigkeit in dem jeweiligen Beruf. Das Christentum war die erste Religion, die Wert darauf legte, dass jeder Gläubige für das Werk der Gerechtigkeit ausgebildet und zugerüstet wird. Unser Leben als Christen soll davon geprägt sein, dass wir in unserem Verständnis, unseren Haltungen und unserer Fähigkeit, Gutes zu tun, beständig zunehmen. Darum heisst es in Sprüche 4,18: *„Der Gerechten Pfad glänzt wie das Licht am Morgen, das immer heller leuchtet bis zum vollen Tag."*

Das heisst also, wenn unser Leben als Christ nicht zunehmend mehr an Strahlkraft gewinnt, dann sind wir irgendwo vom Pfad abgekommen. Einer der Gründe, warum wir als Christen Jünger genannt werden, besteht ja gerade darin, dass wir Lernende sind. Wenn wir wirklich mit Jesus auf dem Weg sind, dann nehmen wir immer mehr an Einsicht und Verständnis zu und werden nach und nach dem Bild Gottes gleichgestaltet, den wir anbeten.

Deshalb brauchen wir Lehrer, die uns die Grundlagen der biblischen Wahrheit nahe bringen und uns eine Liebe zur Wahrheit vermitteln, so dass wir selber anfangen, die Bibel zu erforschen. Wir brauchen Pastoren, die uns dabei helfen, einen gottgefälligen Lebensstil zu entwickeln, und die uns zeigen, wie wir einander in der Liebe Gottes dienen und füreinander da sein können. Wir brauchen Evangelisten, die uns Gottes Herz für die Verlorenen weitergeben und uns Wege aufzeigen, wie wir andere Menschen aus der Dunkelheit zum Licht Gottes führen können. Wir brauchen Propheten, die uns die Augen für Gottes Strategie in dieser Zeit öffnen und uns vermitteln, wie wir Gottes Stimme besser hören können. Und wir brauchen Apostel, die uns helfen, die verschiedenen Teile des Leibes Christi zu einem integrierten und funktionsfähigen Ganzen zu verbinden. Wir können also sehen, dass all diese Dienste tatsächlich gebraucht werden, damit wir in allen Aspekten des christlichen Lebens wachsen.

Lassen Sie uns diesen Vers noch ein wenig eingehender betrachten. Die Frucht einer guten Zurüstung besteht also darin, dass wir: 1. keine unmündigen Kinder bleiben, 2. kein Spiel der Wellen mehr sind, 3. nicht mehr von jedem Widerstreit der Meinungen hin und her getrieben werden, 4. nicht mehr dem Betrug der Menschen ausgeliefert sind und 5. nicht mehr durch Verschlagenheit in die Irre geführt werden.

Selbst bei oberflächlicher Betrachtung wird deutlich, dass die Gemeinde Jesu in all diesen grundlegenden Punkten seit dem ersten Jahrhundert nicht gerade überzeugend abgeschnitten hat. Dies rührt daher, dass das Zusammenspiel der Zurüstungsdienste nicht mehr funktioniert. Der Dienst der neutestamentlichen Gemeinde ist Teamarbeit, und wenn einzelne Mitglieder eines Teams ausfallen, dann leidet das ganze Team. In den allermeisten Gemeinden fehlen sogar vier Fünftel des Teams, weil im Grunde nur eine Position besetzt ist – die des Pastors. Wie würde eine Fussballmannschaft abschneiden, in der nur 20 Prozent der Spieler vorhanden sind? Nicht anders ist es um den Dienst der Gemeinde bestellt.

Wir wollen nun einen kurzen Blick auf die hier genannten positiven Konsequenzen der fünf Zurüstungsdienste werfen:

1. *Wir sind keine unmündigen Kinder mehr.* Das bedeutet, wir bleiben nicht im Kleinkinder-Stadium stehen. Es ist aufschlussreich, dass der Autor eines der anspruchsvollsten Bücher im Neuen Testament, des Hebräerbriefs, über solche Themen wie die Priesterschaft nach der Ordnung Melchisedeks schreibt und trotzdem darüber klagt, dass er seinen Lesern nur Milch vorsetzen kann, weil sie noch keine feste Speise vertragen! Ob es heutzutage wohl eine einzige Gemeinde auf der Welt gibt, die den Hebräerbrief versteht, den der Autor als Babynahrung bezeichnet? Noch trüber ist das Bild, wenn es um die Umsetzung geht. Selbst denjenigen, von denen ich sagen würde, dass sie zumindest eine Spur der Erkenntnis haben, die eigentlich zur Grundausstattung jedes Christen gehört, fehlt es in jeder Hinsicht an der nötigen praktischen Übung, um die Dinge, die sie theoretisch wissen, auch in ihrem Alltag umzusetzen.

Dabei ist es Gottes Ziel mit uns, dass wir alle in die Lage versetzt werden, zu lehren und zu prophezeien. Wir alle sollten Kranke heilen und Dämonen austreiben können. Wir alle sollten die Weisheit Salomos in uns tragen, weil in uns einer lebt, der weit grösser ist als Salomo! Wo aber geschieht dieses Wachstum? Wo reifen Christen zur vollen Reife in Christus heran? Es wird nicht geschehen können, solange die Zurüstungsdienste im Leib Christi brachliegen.

2. *Wir sind kein Spiel der Wellen mehr.* Die Bewegungen des Heiligen Geistes im Leib Christi werden vielfach als Wellen bezeichnet. Heisst dies nun, dass diejenigen, die in Jesus zur Reife gelangt sind, nicht mehr zum Spiel der Wellen des Heiligen Geistes werden? So ist es. Der Heilige Geist tut gegenwärtig viele wunderbare Dinge, überall auf der Welt, doch wenn wir versuchen, an allem gleichzeitig teilzuhaben, dann werden wir in der Tat zu einem haltlosen Spiel der Wellen. Wir müssen klar unterscheiden, was der Heilige Geist in uns tun will und was er im Leben anderer tut. Wir können uns über das eine wie das andere freuen, aber wir dürfen nicht meinen, wir müssten überall mitmischen, wo der Heilige Geist am Werk ist. Eine solche Reife und ein solches Unterscheidungsvermögen bekommen wir nur, indem wir fest in unserer Beziehung zum Herrn verankert sind, so dass wir klar erkennen, wie er uns führt und darin zur Ruhe kommen.

3. *Wir werden nicht mehr von jedem Widerstreit der Meinungen hin und her getrieben.* Interessanterweise ist hier nicht von Irrlehren die Rede. Ebenso wie wir haltlos werden, wenn wir uns von jeder Welle des Heiligen Geistes fortspülen lassen, so können wir in unserem Glauben oberflächlich bleiben, wenn wir jede neue Lehre im Leib Christi begierig verschlingen. Wenn wir zu einer Festigkeit und Reife in Jesus kommen wollen, dann müssen wir die Dinge ergreifen, die Jesus uns persönlich lehren will. Hier müssen wir unsere Wurzeln

schlagen, nicht in den Dingen, die Jesus anderen nahe gebracht hat.

4. *Wir sind nicht mehr dem Betrug der Menschen ausgeliefert.* In 2. Korinther 11,20 schreibt Paulus: *„Ihr ertragt es, wenn euch jemand knechtet, wenn euch jemand ausnützt, wenn euch jemand gefangen nimmt, wenn euch jemand erniedrigt, wenn euch jemand ins Gesicht schlägt."* Es ist bestürzend zu sehen, wie viele Christen sich offenbar bereitwillig Leitern an den Hals werfen, die aber auch gar nichts vom Wesen Jesu verkörpern. Auch hier brauchen wir im Leib Jesu dringend die Weisheit zur Unterscheidung, die uns nur durch das Zusammenwirken der in Epheser 4,11 genannten Dienste zuteil wird.

5. *Wir werden nicht mehr durch Verschlagenheit in die Irre geführt.* Verschlagenheit ist das Hauptwesensmerkmal der Schlange, also des Teufels. Verschlagenheit ist die Neigung, möglichst unbemerkt Regeln zu beugen. Dies ist ein Charakterzug Satans; und wenn wir merken, dass ein Mensch verschlagen ist, dann können wir mit ziemlicher Wahrscheinlichkeit annehmen, dass er auch vor Täuschung und Betrug nicht zurückschreckt. Die Antwort auf dieses Problem ist wiederum in den vorangegangen beiden Versen zu finden: Die Arbeit der neutestamentlichen Gemeinde ist als Teamarbeit ausgelegt; und nur ein voll funktionsfähiges Team, so wie Gott es zur Zurüstung der Gemeinde vorgesehen hat, wird in der Lage sein, uns hier auf den richtigen Kurs zu bringen, so dass wir der Erfüllung unserer göttlichen Bestimmung auf dieser Erde näher kommen.

Es scheint so, dass inzwischen ein nicht geringer Teil der Gemeinde Jesu die Notwendigkeit erkannt hat, sich allen Zurüstungsdiensten zu öffnen und jeden von ihnen ernst zu nehmen. Im Zuge dieses Erwachens scheinen wiederum einige ins andere Extrem zu verfallen und allzu leichtfertig Titel zu vergeben. In der Folge werden diese Ämter Menschen übertragen, die dafür gar nicht qualifiziert sind. Im Laufe der Zeit werden jedoch die richtigen Leute an den ihnen zugedachten Platz finden, und am Ende wird die Gemeinde mehr und mehr zur Reife und zu einer gesunden Stabilität kommen. Dies muss geschehen, damit wir zu dem Leib Jesu werden, der wir nach Gottes Willen sein sollen.

Kapitel 35

In Liebe wahrhaftig sein

Wir kommen nun zu einem der erstaunlichsten Verse in diesem Brief, Epheser 4,15:

> *Lasst uns aber wahrhaftig sein in der Liebe und wachsen in allen Stücken zu dem hin, der das Haupt ist, Christus, ...*

Auch dies ist wieder eine jener Bibelstellen, über die man wohl ein ganzes Leben lang nachdenken könnte, ohne sie jemals wirklich auszuschöpfen. Wenn wir diesen Vers nur hätten beherzigen können, dann wären buchstäblich Millionen von Menschen am Leben geblieben, die im Laufe der Kirchengeschichte von ihren Mitchristen brutal verfolgt wurden oder in Glaubenskriegen umkamen. Wenn wir diesen Vers in unserer Zeit beherzigen könnten, dann gäbe es im Leib Christi heutzutage keine Spaltungen.

Jesus ist die Wahrheit; und jeder, der ihn wirklich liebt, der liebt auch die Wahrheit. Wir müssen unser Leben fest auf dem Grund der biblischen Wahrheit verankern. Doch auch dann sind wir noch auf dem Holzweg, wenn wir in unserem Streben nach Wahrheit nicht zugleich die Liebe walten lassen.

Wahrheit ohne Liebe ist eine teuflische Waffe in der Hand des Feindes. Deshalb wird der Teufel auch als *„Engel des Lichts"* bezeichnet (2. Korinther 11,14). Ein Engel ist ein Bote, und das Licht ist die Wahrheit. Satan kommt oft, um seine bösen Absichten unter uns zu verwirklichen, indem er sich mit Hilfe der Wahrheit als Engel Gottes verstellt.

Allein die Tatsache, dass wir die Wahrheit über jemanden wissen, bedeutet noch lange nicht, dass wir sie auch mit anderen teilen sollten. Dies ist ein Fallstrick, dem sich viele nicht entziehen können, die christliche Journalisten sein wollen. Wir müssen uns immer die Frage stellen, ob wir in der Lage sind, die Wahrheit in Liebe auszusprechen. In Epheser 4,29 heisst es:

> *Lasst kein faules Geschwätz aus eurem Mund gehen, sondern redet, was gut ist, was erbaut und was notwendig ist, damit es Segen bringe denen, die es hören.*

Alles, was wir sagen, sollten wir durch diesen Vers filtern lassen. Auf dieser Grundlage wachsen wir *„in allen Stücken zu dem hin, der das Haupt ist, Christus"*. Denken Sie daran, dass er selbst das Wort ist. In Johannes 6,63 sagt Jesus: *„Der Geist ist's, der lebendig macht; das Fleisch ist nichts nütze. Die Worte, die ich zu euch geredet habe, die sind Geist und sind Leben."* Worte sind kostbar. In Sprüche 18,21 lesen wir: *„Tod und Leben stehen in der Zunge Gewalt; wer sie liebt, wird ihre Frucht essen."* Was bringen wir mit unseren Worten hervor? Wenn wir wirklich in Jesus wachsen, dann werden wir mit unseren Worten andere aufbauen und Leben in ihnen hervorbringen – Sein Leben.

Unser nächster Vers, Epheser 4,16, fasst all die Dinge, die wir über die letzten zehn Kapitel hinweg betrachtet hatten, in einem abschliessenden Fazit zusammen, wie wir in unsere Bestimmung hineinwachsen können:

> *... von dem aus der ganzem Leib zusammengefügt ist und ein Glied am anderen hängt durch alle Gelenke, wodurch jedes Glied das andere unterstützt nach dem Mass seiner Kraft und macht, dass der Leib wächst und sich selbst aufbaut in der Liebe.*

Damit die Glieder eines Leibes richtig aufeinander abgestimmt funktionieren können, muss jedes einzelne seine eigenen Aufgaben und Möglichkeiten kennen, ebenso wie die der anderen. Deshalb muss den Zurüstungsdiensten zuallererst daran gelegen sein, dass die Gläubigen ihre Gaben und Dienstbereiche finden. Dann müssen wir sie ausbilden, ihnen Übungsmöglichkeiten eröffnen, ihnen das nötige Rüstzeug in die Hand geben und sie aussenden, so dass sie ihre Berufung ausleben können. Erst dann können wir sie zusammenfügen, so dass die verschiedenen Glieder einander stützen und versorgen.

Die einzelnen Teile hängen dann also aneinander „durch alle Gelenke, wodurch jedes Glied das andere unterstützt". Wie bei unserem natürlichen Körper auch, so sind es ganz unterschiedliche Arten von Gliedmassen, die da miteinander verbunden werden. Unsere Hand ist mit dem Unterarm verbunden, nicht mit einer anderen Hand. Wenn wir uns jedoch die Gemeinde unserer Tage anschauen, so müssen wir feststellen, dass in den allermeisten Fällen Gleiches mit Gleichem verbunden ist. So gibt es Gruppen, die vornehmlich eine Ansammlung von Evangelisten sind, andere wiederum von Lehrern, wieder andere von Propheten usw. So wie zu einem Ehebund Mann und Frau gehören, so gehören zu einem Bund im Leib Christi ganz unterschiedliche Werke; und auch sie müssen es lernen, einander zu achten und in der richtigen Weise miteinander umzugehen.

Man kann natürlich nicht einfach willkürlich irgendwelche Teile miteinander verknüpfen. Die Hand gehört nicht ans Kniegelenk. Aus diesem Grunde braucht es zum Bau des Leibes Christi die Weisheit der Baumeister Gottes, der Apostel. Nur so wird die Gemeinde nach dem Bauplan Gottes gebaut. Eine der wichtigsten Gaben, die wir im Leib Jesu heutzutage brauchen, ist die Fähigkeit zu erkennen, welche Glieder des Leibes miteinander in Verbindung stehen sollen, und eine echte und dauerhafte Beziehung zwischen ihnen zu stiften.

Eine Grundvoraussetzung dafür ist jedoch, dass jeder einzelne Gläubige seine Gaben und seine Berufung herausfindet. Wie bereits erwähnt haben nur etwa zehn Prozent aller Christen überhaupt eine Ahnung, welche Funktion sie im Leib ausüben sollen, und von ihnen hat wiederum nur eine Minderheit ihren Platz bereits eingenommen. Wie aber sollen Sie Ihren Platz im Leib Christi finden, wenn Sie noch nicht einmal wissen, welche Rolle Sie spielen sollen? Die meisten Gemeinden heutzutage sind wie grosse Halden, auf denen lebendige Steine gesammelt werden, ohne dass diese Steine dann auch tatsächlich zum Bau eines Tempels gebraucht werden. Deshalb fallen auch so viele wieder vom Glauben ab. Es ist einfach, einen herumliegenden Stein zu stehlen, doch wenn er erst einmal in einem Gebäude verbaut und einzementiert ist, dann ist es sehr schwierig, ihn wieder herauszulösen.

Wir müssen uns eingestehen, dass die Gemeinde in einem beklagenswerten Zustand ist. Ursache dafür ist die weitgehende Unfähigkeit der Leiter im Leib Jesu, ihr Mandat zu erfüllen und die Heiligen zum Dienst zuzurüsten. Wie konnte es so weit kommen? Das Kernproblem besteht darin, dass die Gemeinde in unserer Zeit sich weit von dem Bauplan entfernt hat, den der Herr für seine Gemeinde vorgesehen hat und der uns im Neuen Testament als Vorbild gegeben ist. Obwohl die Zurüstungsdienste in Epheser 4 inzwischen weithin anerkannt werden und viele Mitarbeiter und Leiter eine der einschlägigen Bezeichnungen für sich beanspruchen, ist es doch nach wie vor schwierig, Leiter im Leib Christi zu finden, denen es in erster Linie darum geht, die Heiligen zum Dienst auszubilden, statt alles weitgehend alleine zu machen.

Wie bereits gesagt: Damit sich zwischen den einzelnen Diensten Verbindungen herausbilden können, muss erst jedes Glied am Leib seine Aufgabe finden und dafür zugerüstet werden. So wie Barnabas sich erst auf den Weg machen musste, um Paulus ausfindig zu machen, und beide sich dann erst an einen bestimmten Ort begeben mussten, um schliesslich ihre Berufung zum Apostel zu empfangen, so müssen auch heute bestimmte von Gott geplante Verbindungen geknüpft werden, die für unsere Bestimmung von ausschlaggebender Bedeutung sind.

In unserem Vers heisst es ja, dass *„jedes Glied das andere unterstützt nach dem Mass seiner Kraft“*, wodurch *„der Leib wächst und sich selbst aufbaut in der Liebe“*. Vieles von dem

Mangel an Liebe und gegenseitiger Hingabe aneinander, den wir in der Gemeinde finden, ist auf Frustration und Perspektivlosigkeit zurückzuführen. Mindestens 90 Prozent der Gläubigen spüren, dass eine Berufung auf ihrem Leben liegt, doch sie können einfach nicht den Finger darauf legen; und unter den Umständen, die gegenwärtig im Leib Jesu vorherrschen, könnten sie ihre Berufung ohnehin nicht ausleben. Daraus resultiert eine tiefe Unsicherheit, die vielen Problemen zugrunde liegt und auch die Wurzel vieler Gemeindespaltungen ist.

Jene tiefe Frustration in den Herzen der Menschen, die daher rührt, dass man sich zu etwas berufen weiss und es doch niemals erreichen kann, lässt sich durch nichts überwinden. Keine noch so begabte Leiterschaft und keine noch so vollmächtige Verkündigung vermag es, Menschen auf dieser Basis dauerhaft zusammenzubinden. Lassen Sie den Pastor nur einmal eine mehrwöchige Flaute durchmachen und Sie werden sehen, wie die ersten Leute abzuwandern beginnen. Diese Spannung ist nicht nur für Pastoren eine mörderische Belastung, sondern auch für die Gemeindeglieder selbst. Wir müssen es aufgeben, die Gemeinde nach unseren eigenen Plänen bauen zu wollen, und zu dem Bauplan zurückkehren, den Jesus selbst uns zum Bau seiner Gemeinde gegeben hat. Wenn wir nach diesem Bauplan die Fundamente neu gelegt haben, dann müssen wir Acht haben, wie wir darauf bauen. Die Feuerprobe hat bereits begonnen, und es wird sich zeigen, woraus das Werk eines jeden besteht. Allein die Gemeinden, die nach dem Bauplan Gottes gebaut sind, werden standhalten, und nicht nur das, sondern auch überwinden.

Kapitel 36

Die Nichtigkeit des Sinnes

In diesem Kapitel wollen wir uns einer ernsten Warnung zuwenden, die uns in Epheser 4,17-19 gegeben wird:

> *So sage ich nun und bezeuge in dem Herrn, dass ihr nicht mehr leben dürft, wie die Heiden leben in der Nichtigkeit ihres Sinnes. Ihr Verstand ist verfinstert, und sie sind entfremdet dem Leben, das aus Gott ist, durch die Unwissenheit, die in ihnen ist, und durch die Verstockung ihres Herzens. Sie sind abgestumpft und haben sich der Ausschweifung ergeben, um allerlei unreine Dinge zu treiben in Habgier.*

Ich möchte Ihnen zu Anfang ein kleines Beispiel geben, das deutlich macht, wie selbst bei hoch begabten und gebildeten Leuten die Sinne verfinstert sind. Stellen Sie sich einmal vor, Sie gingen eines Morgens am Strand spazieren und auf einmal stünde da ein nagelneuer Mercedes Benz, voll getankt, mit steckendem Zündschlüssel. Was würden Sie sagen, wenn jemand behauptete, dieses Auto sei durch eine millionenfache Verkettung von Zufällen im Meer entstanden und dann hier angespült worden? Sie würden mit Recht den Verdacht hegen, dass diese Person irgendwie psychisch angeschlagen ist. Selbst die Vorstellung, dass der Ozean auch nur einen einzigen Reifen zuwege bringen könnte, erscheint vollkommen absurd! Ebenso absurd und geradezu lächerlich ist das, was uns die naturalistische Philosophie unserer Tage weiszumachen sucht. Wie ein ehrlicher

Physiker einmal ganz unumwunden eingestand: Es wäre weitaus wahrscheinlicher, dass ein Wirbelsturm über einen Schrottplatz fegt und eine voll funktionsfähige Boeing 747 hinterlässt, als dass das Leben in der Weise entstanden ist, wie es viele heutzutage behaupten.

Die geballte Information, die in einem DNA-Doppelstrang enthalten ist, entspricht in etwa der Datenmenge von vier mehrbändigen Enzyklopädien! Es wäre sogar noch wahrscheinlicher, dass so komplexe Gebilde wie Autos oder Flugzeuge einfach so durch Zufall im Ozean entstehen als auch nur eine einzige lebende Zelle.

Wenn Sie nun auch noch in Betracht ziehen, was für eine Menge an strukturgebender Information nötig ist, damit einzelne Zellen sich zu lebenden Organismen entwickeln, die miteinander interagieren, selbst wenn man Milliarden und Abermilliarden Jahre warten wollte, dann käme man auf einen Wahrscheinlichkeitskoeffizienten, der so minimal wäre, dass er mehr Nullen hinter dem Komma enthielte, als dieses Buch zu fassen vermag. Wenn man dann bedenkt, wie viele Millionen solcher Zufälle es bedürfte, um die vielen Arten, die es auf dieser Erde gibt, hervorzubringen, ganz zu schweigen vom Menschen, dann wird deutlich, wie lächerlich eine solche Vorstellung ist. Dies führt uns sehr anschaulich vor Augen, was mit der *„Nichtigkeit des Sinnes“* und dem *„verfinsterten Verstand“* gemeint ist, von denen Paulus hier spricht.

Wer auch nur ein bisschen Einblick in die Fakten hat und dennoch an dem Anspruch der naturalistischen Philosophie der Evolution festhält, der muss in der Tat einer solchen Täuschung verfallen sein, dass man hier durchaus von einem *„verfinsterten Verstand“* sprechen könnte. Wie ist es dennoch möglich, dass bei jeder Diskussion diejenigen, die an Gott glauben, als rückständig und einfältig gebrandmarkt werden? Jene, die auf die unerhörteste Dummheit aller Zeiten hereingefallen sind, haben auch noch die Stirn, alle anderen, die ihnen widersprechen, als unterbelichtet abzuqualifizieren.

Jeder aufrichtige Wissenschaftler wird erkennen und zugeben

müssen, dass hinter dem Universum ein Schöpfergott steht, dessen Intelligenz alles übersteigt, was Menschen sich vorzustellen vermögen. Wer die Wunder der Schöpfung mit offenen Augen wahrnimmt, der kommt nicht umhin, in Staunen und Anbetung ihrem Schöpfer gegenüber zu verfallen. Doch der Mensch in seiner unendlichen Vermessenheit zollt nur den „Entdeckern" der Wunder Gottes Verehrung. Nur ein *„verfinsterter Verstand"* ist zu so etwas fähig.

Zur Ehrenrettung der Wissenschaften sei bemerkt, dass es mehr und mehr Wissenschaftler gibt, die ganz offen eingestehen, dass wir „nicht allein" sind, womit sie ganz offensichtlich meinen, dass es irgendwo einen Schöpfer geben muss. Wenn der eine oder andere von ihnen sich dann die Religionen dieser Welt näher anschaut, das Christentum inbegriffen, und sieht, wie sie im Laufe der Weltgeschichte gewütet haben, dann steht er vor einem Problem: Wie kann ein Gott, der eine derart fantastische Schöpfung zuwege gebracht hat, zugleich solche Religionen hervorbringen? So berechtigt diese Frage ist, darf sie uns nicht den Blick für das Offensichtliche verstellen: Es muss einen Schöpfer geben. Es gibt so viele Indizien, die dafür sprechen, dass es in der Tat eines gravierend fehlerhaften Denkens bedarf, um dies leugnen zu können, oder, wie Paulus es ausdrückt, eines *„verfinsterten Verstandes"*.

Es ist berauschend, den Wundern der Schöpfung nachzuspüren, doch was noch weitaus wunderbarer ist als die Schöpfung, ist die Tatsache, dass der Schöpfer uns liebt und eine persönliche Beziehung zu uns sucht! Eben dazu hat er uns geschaffen. Jede Erkenntnis, jede Weisheit und jede Philosophie, die uns nicht näher zu Gott bringt, widerstrebt letztlich dem ganzen Sinn und Zweck unseres Daseins und lässt uns tief im Innern leer und unerfüllt.

Für Sie, die Sie dieses Buch lesen, dürfte die Frage nach dem Schöpfergott aller Wahrscheinlichkeit nach bereits ein für alle Mal geklärt sein. Was aber können wir tun, um jenen zu helfen, die in ihrem Denken *„verfinstert"* sind? Das Beste, was wir tun können, um diese Mauern im Kopf zu durchdringen, ist schlicht und einfach, unserer Bestimmung gemäss zu leben – nämlich aus einer innigen Verbundenheit mit dem Sohn heraus. Lassen Sie uns durchhalten und einander ermutigen, das zu tun, was unserem Gott die allergrösste Freude bereitet, wie Paulus in 1. Korinther 1,4-9 schreibt:

> *Ich danke meinem Gott allezeit euretwegen für die Gnade Gottes, die euch gegeben ist in Christus Jesus, dass ihr durch ihn in allen Stücken reich gemacht seid in aller Lehre und in aller Erkenntnis. Denn die Predigt von Christus ist in euch kräftig geworden, so dass ihr keinen Mangel habt an irgendeiner Gabe und wartet nur auf die Offenbarung unseres Herrn Jesus Christus. Der wird euch auch fest erhalten bis ans Ende, dass ihr untadelig seid am Tag unseres Herrn Jesus Christus. Denn Gott ist treu, durch den ihr berufen seid zur Gemeinschaft seines Sohnes, unseres Herrn.*

Worauf ich damit hinaus will, ist dieses: Wer in seinem Denken verfinstert und in der Nichtigkeit seines Sinnes gefangen ist, der wird durch gute Argumente allein kaum zu überzeugen sein. Es gibt jedoch auf der ganzen Welt nichts Überzeugenderes als einen Menschen, der Gott immer mehr in sich trägt. In allem, was er tut, erhöht er Jesus, und wenn Jesus erhöht wird, zieht er alle Menschen zu sich.

Es gibt eine uralte Debatte, ob wir verstehen müssen, um glauben zu können, oder ob wir glauben müssen, um verstehen zu können. Beides ist sicher in gewisser Hinsicht zutreffend, wobei man dem Letzteren eigentlich den Vorrang geben muss. Der Teufel hat die Augen der Menschen verschleiert, und ohne die Hilfe des Heiligen Geistes ist es unmöglich, diesen Schleier zu durchdringen. Mit der Hilfe des Heiligen Geistes jedoch ist dieser Schleier kein grosses Hindernis mehr.

Ich selbst habe die Werke von Einstein, Stephen W. Hawking und anderen mit grossem Interesse gelesen. Diese genialen Denker sind keineswegs so töricht, die Existenz Gottes zu leugnen, sie wollen nur einfach die Hintergründe verstehen. In einigen Schriften scheint es fast, als habe Einstein das Wort Gottes erkannt, so wie Johannes es im ersten Kapitel seines Evangeliums beschreibt. Was Einstein freilich nicht erkannte, war, dass Gott Fleisch wurde und unter uns Menschen gelebt hat. Paulus hatte Recht, als er im ersten Kapitel des Römerbriefs darauf hinwies, dass Gott in den Werken seiner Schöpfung zu erkennen ist.

Die Erkenntnis, dass es einen Gott gibt, reicht jedoch nicht. Wir müssen erkennen, wozu er uns geschaffen hat und auf welche Weise er zu uns in Beziehung treten will. Unsere Beziehung zu Gott muss zunächst erst einmal wiederhergestellt werden. Dies ist nur durch das Kreuz möglich. Die Reinigung durch das Kreuz könnte man auch als eine „Re-Einigung" bezeichnen, unsere Wiedervereinigung mit Gott. Allein das Wissen, dass es einen Gott gibt, reicht nicht. Die Nichtigkeit unseres Sinnes und die Umnachtung unseres Denkens sind erst aufgehoben, wenn unsere Beziehung zu Gott wiederhergestellt wird.

Kapitel 37

Die Erneuerung unseres Sinnes

Im nächsten Vers erfahren wir, wie wir unser Denken erneuern und die Nichtigkeit unseres Denkens überwinden können. In Epheser 4,20-24 lesen wir:

> *Ihr aber habt Christus nicht so kennen gelernt; ihr habt doch von ihm gehört und seid in ihm unterwiesen, wie es Wahrheit in Jesus ist. Legt von euch ab den alten Menschen mit seinem früheren Wandel, der sich durch trügerische Begierden zugrunde richtet. Erneuert euch aber in eurem Geist und Sinn und zieht den neuen Menschen an, der nach Gott geschaffen ist in wahrer Gerechtigkeit und Heiligkeit.*

Wer *„Christus kennen lernt“,* der wird von der Liebe zur Wahrheit, Heiligkeit und Gerechtigkeit ergriffen, so wie Jesus selbst. Dies ist die Voraussetzung dafür, dass wir überhaupt irgendetwas über die Beschaffenheit des Universums erkennen können. Das Universum wurde auf der Basis von Wahrheit und Gerechtigkeit geschaffen, Zerfall und Disharmonie kamen erst durch den Sündenfall.

Geschieht diese „Erneuerung unseres Sinnes“, von der hier gesprochen wird, in unseren Gemeinden? Umfragen ergaben, dass es in den letzten drei Jahrzehnten einen regelrechten Erdrutsch gegeben hat, was die moralischen Standards innerhalb der

Gemeinde anbelangt. Die Gemeinde hat sich sozusagen genau in die entgegengesetzte Richtung entwickelt. Die Christen sind nicht Jesus ähnlicher geworden, sondern der Welt oder sogar dem Teufel. Es gibt nur wenige Hirten im Leib Jesu, die sich diesem Trend entgegengestemmt haben; und viele, die sich selbst gerne als Wächter bezeichnen, haben mehr Zeit damit zugebracht, andere Christen anzufeinden, als Alarm zu schlagen. Das Christentum in der westlichen Welt war vielleicht noch nie in einer so tiefgreifenden Krise wie heutzutage.

Von allen Menschen auf der Welt sollten wir Christen diejenigen sein, die die meiste Freiheit und Kreativität in sich tragen. Sollte irgendjemand schöpferischer sein als diejenigen, die den Schöpfer selbst persönlich kennen und Stück für Stück in sein Bild verwandelt werden? Wie kommt es dann, dass die Gemeinde sich weithin so unglaublich eintönig und langweilig präsentiert? Viele Trends innerhalb der Gemeinde Jesu sind gerade mal ein mässiger Abklatsch der Modeerscheinungen in der Welt – nur eben mit einigen Jahren Verspätung und lange nicht so gut gemacht. Wie ist das möglich? Es zeigt sich immer wieder, dass die Dynamik und Lebenskraft unseres Schöpfers unter uns keinen wirklichen Raum hat.

Es ist die grosse Tragödie des Christentums, dass der Geist der Religiosität einen Grossteil der Gemeinde dominiert. *„Wahre Gerechtigkeit und Heiligkeit"* ist religiöser Pflichterfüllung gewichen. Der Geist der Religiosität nährt sich durch Menschenfurcht, die uns dazu verleitet, lieber die Anerkennung und Betätigung durch andere Menschen zu suchen, als in der Beziehung zu Gott zu wachsen. Äussere Übungen der Religiosität treten an die Stelle einer echten *„Erneuerung unseres Geistes und Sinnes"*. Eine solche Erneuerung von innen her müsste in einem erneuerten Denken resultieren, einem Denken, das neue Wege geht. Dies geht freilich nicht, wenn wir uns beständig darum sorgen, was andere über uns denken.

Wir müssen uns vor dem Geist des Antichristen hüten, der zum Ende dieses Zeitalters hin die Weltherrschaft anstreben wird. Dieser Geist ist ein Pseudo-Christus. Er errichtet seinen

Thron im Tempel Gottes – also in der Gemeinde – und behauptet, der Christus, der Gesalbte Gottes zu sein. Wir müssen diese destruktive Kraft erkennen, die sich da innerhalb der Gemeinde Jesu ausbreitet. Es ist der Geist der Welt, der Weltlichkeit anstelle von echter Heiligkeit propagiert.

Echte Heiligkeit resultiert aus der Begegnung mit der Herrlichkeit Gottes, die uns in sein Bild verwandelt, von einer Herrlichkeit zur anderen. Es ist ein Erneuerungsprozess, durch den unser Denken sich nach und nach immer weiter von weltlichen Denkmustern entfernt. Dabei sind weltliche Denkmuster gerade bei vielen religiösen Leuten besonders stark ausgeprägt. Bei ihnen ist die Beziehung zu einer Religion an die Stelle der Beziehung zum lebendigen Gott getreten.

Echte Heiligkeit wurzelt in unserer Beziehung zu Gott. Hier geht es nicht einfach darum, irgendwelche Verhaltensmassregeln in einem Buch zu erfüllen. Das Neue Testament soll kein neues Gesetz sein. Es gibt Gebote, die wir befolgen müssen, und Richtlinien, die uns auf dem richtigen Kurs halten; doch sie sind uns gegeben, damit wir die Freiheit haben, das zu werden, wozu Gott uns geschaffen hat. Diese Freiheit ist nicht als ein Freibrief für uns gedacht, unserer fleischlichen Natur ihren Lauf zu lassen. Es soll eine ganz andere Art von Freibrief sein, der es uns gestattet, ein Leben der Gerechtigkeit und Heiligkeit zu leben, als Ausdruck dessen, was wir in Jesus geworden sind.

Wenn wir in der Heiligkeit Gottes wachsen, dann kommt die ganze Herrlichkeit dessen zum Vorschein, was Gottes eigentliche Intention war, als er den Menschen schuf. Echte Heiligkeit ist etwas durch und durch Schönes, voller Anmut und Würde. Wer immer sieht, was Heiligkeit wirklich ist, der wird zutiefst verblüfft sein, weil er spürt, dass dies sein wahres Wesen ist, das Gott ihm von Anfang an zugedacht hat. Echte Heiligkeit beruht nicht auf religiösen Leistungen, sondern auf einer tiefen Faszination von einem Lebensstil, der so weit über allen weltlichen Strebungen unserer fleischlichen Natur steht, dass er alles überstrahlt, was wir bis dahin jemals ersehnt haben.

Echte Heiligkeit ist ein solides Fundament, das es uns ermöglicht, wirklich schöpferisch zu werden, ohne es darauf anzulegen, einfach nur anders zu sein, um die Aufmerksamkeit auf uns zu ziehen. Eine Kreativität, die nur darauf aus ist, Aufsehen zu erregen, ist immer nur eine hohle Schale. Echte Kreativität, die daher rührt, dass wir den Schöpfer selbst erkannt haben, trägt dagegen die Handschrift des Himmels.

Bevor dieses Zeitalter zu Ende geht, wird unser Herr eine Braut „ohne Fehler und Makel" besitzen. Dieses Ziel ist jedoch nicht durch religiöse Leistungen zu erreichen, die letztlich immer durch Furcht motiviert sind. Die Gemeinde wird vielmehr so in Liebe zu ihrem Herrn entbrannt sein, dass es sie aus tiefstem Herzen danach verlangt, ihm zu gefallen. Diese Braut wird jetzt zubereitet, in einer Zeit, in der die Welt von tiefster Dunkelheit überschattet wird. Inmitten dieser Dunkelheit wird ihr Licht umso heller strahlen. Die ganze Schöpfung ruft es aus, für alle Zeiten: Diejenigen, die ausgeharrt haben, um Teil dieser herrlichen Gemeinde zu sein, welche im Angesicht der tiefsten Dunkelheit entsteht, sie sind in der Tat würdig, mit Jesus zu herrschen. Auch Sie sind berufen, Teil dieser Braut zu sein. Welch ein lohnenderes Ziel könnte es geben?

Kapitel 38

Liebe zur Wahrheit

In diesem Kapitel wollen wir uns Epheser 4,25 zuwenden:

> *Darum legt die Lüge ab und redet die Wahrheit, ein jeder mit seinem Nächsten, weil wir untereinander Glieder sind.*

Wenn wir an Wahrheit und Irrtum denken, dann fallen uns zuallererst theologische Lehrmeinungen und Glaubenssätze ein. Eine richtige und ausgewogene Theologie ist zweifelsohne von grosser Wichtigkeit; aber in der Wahrheit zu leben, beinhaltet viel mehr als richtige theologische Überzeugungen. Unsere Theologie mag noch so richtig sein; doch wenn wir in unseren Beziehungen mit anderen dazu neigen, zu täuschen und die Wahrheit zu verdrehen, dann leben wir ein Leben der Täuschung und Lüge und leisten damit dem Reich der Finsternis Vorschub, anstatt das Reich Gottes auszubreiten.

Einer der elementaren Unterschiede zwischen dem Reich Gottes und dem Reich der Finsternis besteht darin, dass das Reich Gottes auf die Wahrheit gegründet ist, während die Macht des Bösen auf Täuschung beruht. Je tiefer wir also ins Reich Gottes eingewurzelt sind, desto mehr sind wir der Wahrheit ergeben. Dagegen ist jede Täuschung, die wir in unserem Leben zulassen, eine offene Tür, die dem Bösen Zugang zu unserem Leben eröffnet.

In der heutigen Welt, die so sehr von Lügen und Täuschungen dominiert wird, ist die Wahrheit einer der grössten Schätze, die wir haben. Eine der grössten Gaben ist folglich die Fähigkeit, Wahrheit und Lüge voneinander zu unterscheiden. Sie ist für unseren Weg durchs Leben von unschätzbarem Wert. Die Suche nach der Wahrheit und der Fähigkeit, Wahrheit und Täuschung voneinander zu unterscheiden, sollte daher eines der zentralen Anliegen jedes Christen sein. Die unerlässliche Grundlage dafür ist, dass wir selbst in unserem eigenen Leben bedingungslos der Wahrheit verpflichtet sind.

In den letzten Tagen werden nicht diejenigen der Verführung widerstehen, die die Wahrheit haben, so lesen wir in 2. Thessalonicher 2,10, sondern diejenigen, die eine *„Liebe zur Wahrheit"* haben. Die Wahrheit zu haben ist eine Sache, sie zu lieben ist nochmals eine ganz andere. Wir können die Wahrheit, ja sogar theologisch richtige Lehrmeinungen, aus völlig falschen Motiven heraus vertreten, z. B. aus Rechthaberei, oder um andere Gemeinden oder Glieder am Leib Christi anzuklagen, weil sie vielleicht an der einen oder anderen Stelle theologisch etwas im Argen liegen. Wer wirklich eine aufrichtige Liebe zur Wahrheit hegt, der bedient sich ihrer nicht nur, sondern er lebt mit seinem ganzen Sein aus der Wahrheit heraus. Nur dann wird er auch die Wahrheit, die uns anvertraut ist, gebrauchen, um andere freizusetzen und nicht um sie anzugreifen.

Einer der Irrtümer, der Menschen oft dazu verführt, Dinge zu tun, die ihnen schaden, ist die Lüge, es sei Heuchelei, wenn man dem Drängen seines Herzens nicht folgt. Wie viele Menschen sind in Drogen und sexuelle Perversion abgeglitten, weil sie meinten, sie würden ihr wahres Selbst verleugnen, wenn sie ihren Wünschen nicht nachkämen! Ihnen persönlich mag dies vielleicht töricht erscheinen, aber die Macht der Täuschung hat etwas sehr Verführerisches; und es gibt leider nicht wenige Menschen, die auf diesen Unfug hereinfallen. Wer sich darauf einlässt, gibt damit zu erkennen, dass er die Wahrheit nicht liebt. Die Wahrheit ist freilich auch, dass keiner von uns wirklich die Wahrheit liebt, wenn Jesus uns nicht hilft.

Als Adam und Eva nach dem Sündenfall versuchten, sich vor Gott zu verstecken, da zeigte sich zum ersten Mal die menschliche Neigung, vor der Wahrheit davonzurennen. Als ihr Fehltritt schliesslich ans Licht kam, da versuchten sie nicht, mit der Wahrheit ins Reine zu kommen, sondern sie schoben die Schuld für ihre Sünde auf andere. Dies liegt in der Natur des gefallenen Menschen. Wir müssen uns jedoch vor Augen halten, dass Gott unsere Entschuldigungen und Ausflüchte nicht gelten lässt. Was er gelten lässt, ist eine aufrichtige Bitte um Vergebung, wenn wir unsere Schuld eingestehen. Ein Leben, das wirklich der Wahrheit ergeben ist, beginnt immer damit, dass wir unsere eigenen Übertretungen und Fehler eingestehen. Solange wir noch versuchen, sie zu verbergen und anderen die Schuld dafür zu geben, zeigen wir damit, dass wir die Wahrheit nicht lieben.

Dem Drängen unseres Herzens nachzugeben, das uns zur Sünde verführt, ist keineswegs ein Zeichen dafür, dass wir „ehrlich mit uns sind“; es zeigt vielmehr, dass wir uns noch von unserer fleischlichen Natur beherrschen lassen, die Christus verleugnet. Aus der Wahrheit heraus zu leben bedeutet nicht, einfach alles zu tun, wonach uns zumute ist. Die Wahrheit ist kein Gefühl, sie ist eine Person. Jesus ist die Wahrheit. In der Wahrheit zu leben heisst, in ihm zu bleiben. Wir müssen uns fragen, ob Jesus wohl die Dinge tun würde, die uns gerade in den Sinn kommen.

In Johannes 17,17 betete Jesus: *„Heilige sie in der Wahrheit; dein Wort ist die Wahrheit.“* Uns selbst treu zu bleiben heisst nicht, den fleischlichen Begierden nachzugeben, nur weil uns gerade danach ist. Wenn wir dies tun, dann beugen wir uns damit der Lüge schlechthin, der auch Eva anheim gefallen ist. Die eigentliche Frage ist hier nicht, ob wir uns selbst treu sind, sondern ob wir uns entschliessen, aus dem Fleisch oder aus dem Geist heraus zu leben, so wie es im Römer 8,5-9 heisst:

> *Denn die da fleischlich sind, die sind fleischlich gesinnt; die aber geistlich sind, die sind geistlich gesinnt. Aber fleischlich gesinnt sein ist der Tod, und geistlich gesinnt sein ist Leben und Friede. Denn fleischlich gesinnt sein ist Feindschaft gegen Gott,*

weil das Fleisch dem Gesetz Gottes nicht untertan ist; denn es vermag's auch nicht. Die aber fleischlich sind, können Gott nicht gefallen. Ihr aber seid nicht fleischlich, sondern geistlich, wenn denn Gottes Geist in euch wohnt. Wer aber Christi Geist nicht hat, der ist nicht sein.

Um aus der Wahrheit heraus zu leben, müssen wir *„uns selbst verleugnen"*, d. h. unsere gefallene, fleischliche Natur ans Kreuz bringen und ein für alle Mal den Entschluss fassen, dass der Gehorsam Gott gegenüber und das Ziel, ihm zu gefallen, uns wichtiger ist als jede andere Form von persönlicher Befriedigung. In Johannes 4,23-24 sagt Jesus: *„Aber es kommt die Zeit und ist schon jetzt, in der die wahren Anbeter den Vater anbeten werden im Geist und in der Wahrheit; denn auch der Vater will solche Anbeter haben. Gott ist Geist, und die ihn anbeten, die müssen ihn im Geist und in der Wahrheit anbeten."*

Der Vers, der über diesem Kapitel steht, ermahnt uns, *„die Lüge abzulegen"*. Dies beginnt damit, dass wir aufhören, dem Hang nachzugeben, uns selbst zu betrügen, indem wir versuchen, Dinge zu rechtfertigen, die in der Bibel eindeutig untersagt sind und die dem Geist Gottes in uns widerstreben. In Johannes 3,21 heisst es: *„Wer aber die Wahrheit tut, der kommt zu dem Licht, damit offenbar wird, dass seine Werke in Gott getan sind."* Und in Johannes 8,32 lesen wir: *„... und (ihr) werdet die Wahrheit erkennen, und die Wahrheit wird euch frei machen."* Die Wahrheit ist, dass die Bestimmung, die wir als Kinder des allerhöchsten Gottes empfangen haben, viel zu erhaben ist, als dass wir uns weiterhin den niederen Lügen des Feindes hingeben dürften, statt dem Herrn zu folgen, der uns Leib und Leben gegeben hat.

Lassen Sie uns in unserer Bibelarbeit nun zu den nächsten beiden Versen übergehen, Epheser 4,26-27, wo uns eine weitere Auswirkung dieser grundlegenden Realität aufgezeigt wird:

Zürnt ihr, so sündigt nicht; lasst die Sonne nicht über eurem Zorn untergehen, und gebt nicht Raum dem Teufel.

Hier stellt sich freilich eine gute Frage. Können wir überhaupt zornig sein, ohne zu sündigen? Die Antwort ist: Ja, wir können. Unsere Aufgabe ist es, dem Herrn ähnlich zu sein und in ihm zu bleiben. Wenn der Herr angesichts von bestimmten Zuständen Zorn empfindet, dann haben auch wir allen Grund, dies zu tun.

An dieser Stelle wäre es angebracht, sich die Frage zu stellen, welches die Dinge sind, die Gott zornig machen. Der Zorn Gottes regt sich zum Beispiel, wo Ungerechtigkeit, Willkür und Unterdrückung herrschen und wo die Rechte der Schwachen mit Füssen getreten werden. Jeder Christ sollte sich einmal näher mit diesem Thema befassen. Vermutlich werden Sie dabei auch die eine oder andere überraschende Entdeckung machen.

So lesen wir in 2. Mose 4,14, dass der Zorn des Herrn gegen Mose *„entbrannte" (Elberfelder)*. Er hatte Mose berufen, nach Ägypten zurückzukehren, um sein Volk aus der Sklaverei zu führen. Mose jedoch lehnte ab, mit der Begründung, er sei einer so grossen Aufgabe nicht gewachsen. Ist dies denn nicht ein Ausdruck von echter Demut? Und hat Gott nicht verheissen, den Demütigen gnädig zu sein? Auf den ersten Blick scheint es unverständlich, warum Gott hier so zornig wird. In Wirklichkeit ist das, was sich da in der Reaktion des Mose offenbart, jedoch keineswegs echte Demut, sondern im Gegenteil abgrundtiefe Überheblichkeit. Mose gab Gott zu verstehen, dass er offensichtlich nicht wisse, was er hier tut, und dass Mose selbst viel besser beurteilen könne, was möglich ist und was nicht.

Natürlich war Mose der Aufgabe nicht gewachsen. Kein Mensch wird jemals dem Ruf Gottes gewachsen sein. Wenn wir die Aufgabe selbst bewältigen könnten, dann bräuchten wir schliesslich Gott nicht. Wo immer ein christlicher Leiter eine solche falsche Demut an den Tag legt, wie wir es hier bei Mose sehen können, da zeigt er, dass sein Leben noch von seinem eigenen Stolz regiert wird. Die logische Konsequenz einer solchen

Denkweise wäre, dass Gott Menschen aufgrund ihrer natürlichen Qualitäten beruft. Dieselbe Wurzel liegt auch dem Humanismus zugrunde, der behauptet, wir Menschen hätten sowohl die Weisheit als auch die Charakterqualitäten, um aus uns heraus das Rechte zu tun. Die Menschheitsgeschichte führt uns drastisch vor Augen, welch eine unglaubliche Verblendung dies ist.

Zorn hat also mitunter sehr wohl seine Berechtigung. Paulus mahnt uns jedoch, die Sonne nicht über unserem Zorn untergehen zu lassen. Mit anderen Worten, wir sollen unsere Angelegenheiten immer regeln, bevor wir zu Bett gehen. Dies ist eine Grundregel, die für alle unsere Beziehungen gelten sollte. Als Gottes Zorn gegen Mose entbrannte, da trug Gott seinen Unmut nicht erst lange mit sich herum, sondern er klärte die Sache sofort. Er verwarf Mose jedoch nicht wegen seiner Torheit. Der Herr wird niemals aufhören, uns zu lieben, selbst wenn wir Dinge tun, die seinen grössten Zorn erregen. Selbst Isebel gab er Zeit, sich zu besinnen und Busse zu tun (siehe Offenbarung 2,20-21). Gott wünscht sich nichts mehr, als dass alle Menschen Busse tun und errettet werden. Dennoch ist er über unsere Sünden erzürnt.

Wir sollten uns die Mahnung zu Herzen nehmen, die Paulus uns hier gibt. Wenn wir voller Zorn sind, dann stehen wir in der Gefahr zu sündigen. Wie viele schwere Verbrechen und bestialische Vergehen sind in der Menschheitsgeschichte aus blinder Wut heraus geschehen! Dieses Thema hat für Paulus eine solche Bedeutung, dass er bei der Aufzählung der Qualifikationen eines Ältesten in seinem Brief an Titus ausdrücklich schreibt: *„Denn der Aufseher muss untadelig sein als Gottes Verwalter, nicht eigenmächtig, nicht jähzornig" (Titus 1,7; Elberfelder)*. Jemand, der jähzornig ist, kommt folglich als Leiter der Gemeinde nicht in Frage. Der Auftrag *„Zürnt ihr, so sündigt nicht!"* setzt nämlich voraus, dass unser Ärger uns nicht beherrscht, sondern dass wir unseren Ärger zu beherrschen vermögen.

Zwei der Jünger, die einmal zu den grossen Aposteln des Herrn gehören sollten, schlugen einmal vor, man könne doch Feuer vom Himmel regnen lassen, das alle jene verzehrt, die den

Herrn verschmähen. Der Herr wies sie jedoch scharf zurecht und warf ihnen vor, sie wüssten nicht, wes Geistes Kinder sie seien. Jesus selbst vergab denen, die ihn ans Kreuz nagelten, und bat seinen Vater, ihnen dieses Vergehen nicht zuzurechnen. Heiliger Zorn ist niemals eigennützig. Er regt sich nicht aus einem Gefühl beleidigter Eitelkeit heraus, oder weil wir uns zurückgesetzt fühlen, sondern weil es Menschen gibt, die verletzt, getäuscht und vom Bösen betrogen wurden. Wer nicht die Reife hat, seine Wut im Zaum zu halten, wenn er beleidigt oder zurückgesetzt wurde, dem fehlt es auch an der nötige Reife, um ein Leiter im Volk Gottes zu sein. Jähzornige Autorität hat schon allzu viel Leid angerichtet, und sie ist mit Gottes Wesen vollkommen unvereinbar. Wer die Wahrheit liebt, der wird auch die Frucht des Geistes wertschätzen, und dazu zählen Friede und Geduld.

Im nächsten Vers, Epheser 4,28, geht Paulus weiter darauf ein, wie sich Gottes Wahrheit in unserem Leben niederschlägt:

> *Wer gestohlen hat, der stehle nicht mehr, sondern arbeite und schaffe mit eigenen Händen das nötige Gut, damit er dem Bedürftigen abgeben kann.*

Kapitel 39

Arbeiten oder Stehlen

„Du sollst nicht stehlen!“, so lautet eines der Zehn Gebote, die die Grundlage von Gottes Standard der Gerechtigkeit offenbaren bzw. uns zeigen, wie wir leben sollen. Stehlen widerspricht dem Wesen Gottes, weil es unfair und ungerecht ist. Das Gegenteil von Stehlen ist nicht einfach nur Arbeiten, um ein Auskommen zu haben, sondern um genug zu besitzen, dass man darüber hinaus Bedürftigen etwas abgeben kann. Ein Lebensstil der Wahrheit wurzelt in ihm, der selbst die Wahrheit ist, und er kam, um uns aus seiner grossen Liebe heraus zu beschenken. Deshalb arbeiten wir nicht nur dafür, dass wir selber genug haben, sondern dass wir etwas haben, das wir anderen geben können.

Wir hatten bereits davon gesprochen, dass der Mensch geschaffen wurde, um Gemeinschaft mit Gott zu haben, um den Garten zu hegen und zu pflegen und darüber zu herrschen. Man könnte also sagen, dass wir zur Gemeinschaft und zur Arbeit bestimmt sind. So verwundert es nicht, wenn Studien ergeben, dass jeder Mensch, der nicht irgendeine sinnvolle Arbeit leistet, psychisch zugrunde geht. Wir wurden dazu geschaffen, um etwas Sinnvolles zu tun. Wird uns dies verwehrt, so trifft das den Kern unserer Identität als Menschen.

Wir könnten hier sogar noch einen Schritt weitergehen und sagen, dass wir nur in dem Masse Frieden und Erfüllung finden, wie wir eine sinnvolle Aufgabe haben. Die grösste Aufgabe überhaupt, die uns die tiefste Erfüllung vermittelt, ist die Arbeit im Reich Gottes, indem wir unsere Funktion als Glieder des Leibes Jesu ausfüllen. Weiterhin könnte man sagen, dass die „sinnvollste“ Arbeit diejenige ist, die wir aus der edelsten Gesinnung heraus tun – um anderen in uneigennütziger Weise Gutes zu tun.

„Sinnvoll“ bedeutet freilich nicht unbedingt, dass wir die Arbeit gerne tun oder gar geniessen. Unsere Erfüllung finden wir nicht immer in der Tätigkeit selbst, sondern oft nur in dem Bewusstsein, etwas getan zu haben, das getan werden musste. Es gilt jedoch nach wie vor der Fluch, dass wir unsere Arbeit „im Schweisse unseres Angesichts“ tun müssen. Nicht die Arbeit selbst ist der Fluch, sondern der Umstand, dass wir über die Massen hart arbeiten müssen, um ein Auskommen zu haben. Viele, die aufopferungsvoll für ihren täglichen Lebensunterhalt arbeiten, sind immer noch unter diesem Fluch, für das, was dabei herauskommt, zu viel zu arbeiten. Eine der Segnungen des Kreuzes besteht darin, dass jeder Fluch gebrochen wurde. Dazu gehört auch der Fluch, der auf unserer Arbeit liegt. Wie äussert sich dies?

Wir könnten meinen, dies bedeute, dass wir eine bessere Arbeit oder ein höheres Einkommen bekommen. Das ist jedoch nicht notwendigerweise der Fall. Als ich Christ wurde, nahm ich eine Tätigkeit als Bauarbeiter an, die man wohl ohne Umschweife als pure Schinderei bezeichnen kann. Es war nicht nur körperlich unheimlich schwere Arbeit, es war auch schmutzig; ich war der brütenden Hitze ausgesetzt, und zu Anfang war die Bezahlung äusserst mager, weil ich ja nur ein einfacher Bauarbeiter war. Irgendwann fasste ich den Entschluss, diese Arbeit als Dienst für den Herrn anzusehen. Was immer ich baute – ich tat so, als ob am Ende der Herr selbst einziehen würde. Schon bald machte mir meine Arbeit eine solche Freude, dass ich es morgens kaum erwarten konnte, zur Arbeit zu kommen. Ich wurde dafür bekannt, dass ich alles, was ich anpackte, immer aussergewöhnlich gut machte. Dies veranlasste meinen Arbeitgeber dazu, in meine Weiterbildung zu investieren, so dass ich schon bald aufstieg, und zwar viel schneller, als dies normalerweise üblich war. Nach nicht einmal zwei Jahren bekam ich den Lohn eines

Zimmermannsgesellen. Ohne dass eine Gewerkschaft für mich eingetreten wäre, hatte ich bereits nach vier Jahren eine Position inne, die man im Regelfalle erst nach sechs Jahren erreicht. So schnell war in dieser Firma noch niemals jemand aufgestiegen. Dabei war ich gar nicht klüger oder besser als andere. Was den Ausschlag gab, war meine Arbeitshaltung. Ich bezog damals eine enorme Bestätigung und Befriedigung aus meiner Arbeit.

Es geht also nicht darum, die Arbeit völlig aus unserem Leben zu verbannen, sondern den Fluch loszuwerden, der darauf liegt, damit unsere Arbeit wieder wirklich produktiv und erfüllend wird. Dies geschieht am ehesten, indem wir die Dinge, die wir tun, zu einem Akt der Anbetung machen und alles für den Herrn tun.

Eine weitere Art und Weise, wie der Fluch aufgehoben werden kann, mag uns auf den ersten Blick überraschend erscheinen. Die allermeisten Menschen arbeiten, um sich selbst und ihre Familie zu versorgen. Dies ist zweifelsohne ein sehr berechtigter Grund zu arbeiten. Es ist jedoch nicht das, was uns in Epheser 4,28, dem Vers, der diesem Kapitel zugrunde liegt, anempfohlen wird. Hier heisst es, wir sollten arbeiten, um etwas zu haben, das wir an Bedürftige weitergeben können. Das ist Liebe Jesu in Aktion. Es gibt kaum etwas Erfüllenderes, als anderen weiterzugeben. Darum besitzt Wohltätigkeit, selbst unter Menschen, die Jesus nicht kennen, einen solchen Stellenwert. Wenn wir anderen etwas geben, dann verschafft uns das eine enorme Befriedigung.

Es gibt immer Menschen, die nicht in der Lage sind, für sich selbst zu sorgen. Auch Jesus hat gesagt, dass es immer Arme in unserer Mitte geben würde. Es gibt sicherlich auch solche, die ihre Notlage selbst verschuldet haben, durch Faulheit oder einen Mangel an Augenmass im Umgang mit ihren Ressourcen, aber die allermeisten Armen dieser Welt wurden einfach in Lebensumstände hineingeboren, die ihnen praktisch keine andere Möglichkeit lassen. Jakobus schreibt auch, dass Gott die Armen dieser Welt dazu erwählt hat, im Glauben reich zu sein (siehe Jakobus 2,5). Wir sollten niemals verächtlich auf die Armen herabsehen, sondern wir sollten es als eine Ehre und ein Privileg ansehen, denen dienen zu dürfen, die dazu berufen sind, im Glauben reich zu sein.

Ferner müssen wir uns vor Augen halten, dass viele der Tätigkeiten, die in den Augen unserer Gesellschaft überhaupt kein Ansehen mehr geniessen, wie zum Beispiel die, einen Haushalt zu führen und Kinder grosszuziehen, zu den wichtigsten Aufgaben gehören, die es auf der Welt überhaupt gibt. Jede „Mutter in Christus“ ist eine „Königinmutter“, der das unvorstellbare Privileg zufällt, künftige Königinnen und Könige aufzuziehen, die einmal über die Erde herrschen werden. Könnte es irgendetwas Wichtigeres geben? Ihre Arbeit mag unbezahlt sein; doch wer kann ermessen, wie unschätzbar kostbar all das ist, was sie Tag für Tag im Verborgenen tun? Warum sollte irgendjemand diese Aufgabe für einen lediglich irdischen Beruf eintauschen wollen. Ich habe überhaupt nichts dagegen, dass Frauen berufstätig sind, aber wir müssen die Prioritäten richtig setzen. Die Aufgabe, Eltern zu sein, hat einen wesentlich höheren Stellenwert und bietet potenziell viel mehr Erfüllung als jede andere Tätigkeit. Meiner Meinung nach ist es primär Aufgabe der Männer, den Lebensunterhalt zu verdienen und damit ihre Frauen freizusetzen, zu Hause zu bleiben und die wirklich wichtigen Dinge zu tun, die weit mehr Ehre einbringen. Und was könnte uns als Eltern am Ende mehr Ehre einbringen als wohl geratene Kinder?

Wir sollten also immer bedenken, dass der wahre Sinn unserer Arbeit darin besteht, anderen zum Segen zu sein. Wenn wir mit diesem Ziel vor Augen unsere Arbeit tun, dann wird sie keine Plage mehr sein, sondern ein Akt der Anbetung, der uns tiefste Erfüllung verschafft.

Kapitel 40

Worte, die aufbauen

Es gibt wohl nur wenige Dinge, die einen so tiefgreifenden Einfluss auf unser Leben haben können wie die Botschaft des nun folgenden Verses, Epheser 4,29, wenn wir sie nur wirklich ernst nehmen:

> *Lasst kein giftiges Wort über eure Lippen kommen. Seht lieber zu, dass ihr für die anderen in jeder Lage das rechte Wort habt, das ihnen weiterhilft. (Gute Nachricht)*

Wir hatten diesen Vers bereits kurz angesprochen, er ist es jedoch wert, dass wir ihn noch einmal ein wenig eingehender betrachten. Versuchen Sie nur einmal, sich vorzustellen, wie es wäre, wenn alles, was wir sagen, aufbaute, statt herunterzuziehen, wenn wir mit unseren Worten Glauben statt Zweifel nährten, wenn wir Liebe und Frieden, statt Furcht und Spaltung verbreiteten. Dies könnte die Gemeinde von dem „Babel der Verwirrung", das sie heute ist, in die aussergewöhnlichste, wunderbarste und dynamischste Familie verwandeln, was ja auch ihre Berufung ist.

In Sprüche 18,21 heisst es: *„Tod und Leben stehen in der Zunge Gewalt; wer sie liebt, wird ihre Frucht essen."* Wie kann ein so kleines Körperteil eine solche Macht haben? Worte sind in der Tat der grösste Machtfaktor auf Erden. Sie bestimmen die Geschicke von Völkern in weit grösserem Masse als Armeen und politische Programme. Deshalb schrieb Jakobus: *„Wer sich* *aber im Wort nicht verfehlt, der ist ein vollkommener Mann und kann auch den ganzen Leib im Zaum halten." (Jakobus 3,2)* Denken Sie nur einmal einen Moment darüber nach, was das heisst: Wenn wir in der Lage sind, unsere Zunge zu beherrschen, dann sind wir vollkommen und können auch unseren ganzen Leib im Zaum halten! Den Grund dafür finden wir in Matthäus 12,34, wo es heisst: *„Wes das Herz voll ist, des geht der Mund über."* Wenn also unser Mund reine Dinge von sich gibt, dann liegt das daran, dass er rein ist. Ganz Ähnliches steht in Jakobus 3,3-8:

> *Wenn wir den Pferden den Zaum ins Maul legen, damit sie uns gehorchen, so lenken wir ihren ganzen Leib. Siehe, auch die Schiffe, obwohl sie so gross sind und von starken Winden getrieben werden, werden sie doch gelenkt mit einem kleinen Ruder, wohin der will, der es führt. So ist auch die Zunge ein kleines Glied und richtet grosse Dinge an. Siehe, ein kleines Feuer, welch einen Wald zündet's an! Auch die Zunge ist ein Feuer, eine Welt voll Ungerechtigkeit. So ist die Zunge unter unsern Gliedern: sie befleckt den ganzen Leib und zündet die ganze Welt an und ist selbst von der Hölle entzündet. Denn jede Art von Tieren und Vögeln und Schlangen und Seetieren wird gezähmt und ist gezähmt vom Menschen, aber die Zunge kann kein Mensch zähmen, das unruhige Übel, voll tödlichen Giftes.*

Wenn wir dem, was hier ausgesagt ist, glauben können, dass unsere Zunge tatsächlich das Ruder ist, das dem Schiff unseres Lebens seine Richtung gibt, wie sehr sollten wir dann darauf bedacht sein, dass unser Mund ein Organ des Lebens ist, nicht des Todes, und dass wir mit unseren Worten Glaube, Hoffnung, Liebe und Frieden verbreiten, nicht Zweifel, Hoffnungslosigkeit, Bitterkeit und Entzweiung! Auch die Mahnung in Galater 6,7 sollten wir uns vor Augen halten: *„Irret euch nicht! Gott lässt sich nicht spotten. Denn was der Mensch sät, das wird er ern-*

ten." Wenn wir also Glauben und Leben ernten wollen, dann müssen wir Glauben und Leben säen. Wenn wir Gnade und Erbarmen ernten wollen, dann müssen wir Gnade und Erbarmen säen. Wenn wir dagegen Bitterkeit und Spaltung säen, dann werden wir genau das wiederum als Ernte einfahren. Mit unseren Worten säen wir, was wir später ernten werden.

Deshalb ist eine der wichtigsten Lektionen, die wir im Leben lernen müssen, unsere Worte zu kontrollieren und es uns zur eisernen Regel zu machen, nur Dinge zu sagen, die andere aufbauen, und *„kein giftiges Wort über unsere Lippen kommen zu lassen"*.

Eine gute Möglichkeit, die Art und Weise, wie wir reden, unter Kontrolle zu bringen, besteht darin, einmal ein Schweigefasten zu halten. Fasten ist eine biblische Methode, uns vor Gott zu demütigen, und den Demütigen schenkt Gott seine Gnade. Ein Schweigefasten könnte darin bestehen, dass wir unsere Kommunikation mit anderen auf das absolut Nötigste reduzieren, um unserer Arbeit und unseren Aufgaben nachkommen zu können. Wie beim Essensfasten, so ist es auch hier ratsam, zu Anfang nur kurz zu fasten und die Fastenzeiten allmählich immer weiter auszudehnen. Auf diese Weise lernen Sie nicht nur, Ihre Zunge im Zaum zu halten; zusätzlich erleben Sie, dass Gott Ihnen Gnade schenkt.

Eines der Ziele eines Schweigefastens könnte darin bestehen, die Anzahl unserer Worte generell um die Hälfte zu reduzieren. Wenn Sie dies tun, dann werden Sie erstaunt sein, dass andere Ihnen auf einmal mehr Respekt entgegenbringen und Ihren Worten mehr Gewicht beimessen. Genau davon ist auch in den folgenden beiden Versen aus dem Buch der Sprüche die Rede:

> *Wo viel Worte sind, da geht's ohne Sünde nicht ab; wer aber seine Lippen im Zaum hält, ist klug. (Sprüche 10,19)*
>
> *Ein Vernünftiger mässigt seine Rede, und ein verständiger Mann wird nicht hitzig. Auch ein Tor,*

wenn er schwiege, würde für weise gehalten und für verständig, wenn er den Mund hielte. (Sprüche 17,27-28)

Wenn wir anfangen, unser Reden unter Kontrolle zu bringen, dann wird jedes Wort bedeutsam, wie ein Stück kostbare Munition, die wir nicht einfach verschwenden, sondern sorgfältig auf das Ziel ausrichten, um andere aufzubauen. Vielleicht reden wir am Ende nur noch ein Zehntel von dem, was wir früher einmal gesprochen haben, doch die Dinge, die wir sagen, richten viel mehr Gutes aus. Wer es gelernt hat, sein Reden unter Kontrolle zu bringen, dem kann Gott auch besondere prophetische Salbung anvertrauen, weil er im Zweifelsfalle nicht einfach drauflosplappert, sondern seine Worte sehr genau abwiegt und so gebraucht, dass sie mit prophetischer Durchschlagskraft ins Schwarze treffen.

Kapitel 41

Betrübt nicht den Heiligen Geist

In diesem Kapitel wollen wir uns Epheser 4,30-32 vornehmen. Dort heisst es:

> *Und betrübt nicht den heiligen Geist Gottes, mit dem ihr versiegelt seid für den Tag der Erlösung. Alle Bitterkeit und Grimm und Zorn und Geschrei und Lästerung seien fern von euch samt aller Bosheit. Seid aber untereinander freundlich und herzlich und vergebt einer dem andern, wie auch Gott euch vergeben hat in Christus.*

Als Tempel des Heiligen Geistes sollte unser allererstes Ziel sein, zu lernen, wie wir den Heiligen Geist in angemessener Weise beherbergen können. Was tut ihm gut, und was erfreut ihn? Was sind dagegen die Dinge, die ihn betrüben?

Es sollte uns also ein besonderes Anliegen sein, „den heiligen Geist Gottes" nicht zu betrüben, doch es scheint fast so, als ob nur wenige Leute überhaupt eine Vorstellung davon haben, was das ganz praktisch bedeutet. Wo immer davon gesprochen wird, was den Heiligen Geist betrübt, da geht es in allererster Linie darum, dass wir irgendetwas, das er unter uns tun will, nicht zulassen. Ich kann mir eigentlich nicht vorstellen, dass dies die Dinge sind, die ihn am meisten betrüben. Ist Geduld nicht eine der

Früchte des Heiligen Geistes? Ganz bestimmt kann der Heilige Geist es aushalten, wenn wir ihm immer wieder einmal in die Quere kommen. In diesem Text spricht Paulus eine Reihe von Dingen an, die den Heiligen Geist wirklich betrüben: Bitterkeit, Grimm, Zorn, Geschrei und Lästerung. In dem Masse, wie wir diese Haltungen in unserem Herzen hegen, geben wir dem Heiligen Geist in uns eine denkbar schlechte Herberge.

Bitterkeit ist nichts anderes als eine mangelnde Bereitschaft, anderen zu vergeben. Grimm ist der Drang, uns für vermeintliches oder tatsächliches Unrecht zu rächen. Anhaltender Zorn ist eine selbstsüchtige Trotzreaktion, wenn unsere Rechte und Interessen nach unserem Empfinden nachhaltig verletzt wurden. Geschrei ist die äussere Reaktion, die wir aus unserem inneren Gefühl des Aufgebrachtseins heraus an den Tag legen. Lästerung schliesslich ist nichts anderes als eine Verbrüderung mit dem Teufel in seiner Eigenschaft als „Verkläger der Brüder" (Offenbarung 12,10). Bosheit ist das Resultat davon, dass der Teufel eine tiefe Wurzel des Bösen in unserer Seele aufrechterhalten kann. Wenn wir die genannten Haltungen in uns zulassen, dann kann man wohl ohne Umschweife sagen, dass wir dem Teufel bessere Gastgeber sind als dem Heiligen Geist.

Etwas, das ich als Vater kaum ertragen kann, ist, wenn meine Kinder miteinander streiten. Dagegen gibt es kaum etwas, was mich mehr erfreuen kann, als wenn meine Kinder liebevoll miteinander umgehen, einander vergeben und gut miteinander auskommen. In Sprüche 21,9 lesen wir: *„Besser im Winkel auf dem Dach wohnen als mit einem zänkischen Weibe zusammen in einem Hause."* Könnte es wohl sein, dass dieses *„zänkische Weib"* die Braut Christi ist und dass der Heilige Geist sich lieber auf den Dachboden verkriecht, bis wir es endlich gelernt haben, verträglicher miteinander zu sein? Schliesslich ist auch dieses Bibelwort vom Heiligen Geist inspiriert.

Jede Gemeinde braucht gute Lehre und gute Predigt, um gesund zu bleiben; doch ein Moment in der manifesten Gegenwart des Herrn vermag mehr auszurichten als viele Jahre Lehre und Predigt. Wenn wir die ursprüngliche und echte Realität des Lebens der neutestamentlichen Gemeinde erstreben, so wie es auch uns heute eigentlich zugedacht ist, dann sollte uns zuallererst daran gelegen sein, dem Heiligen Geist eine Bleibe in uns zu schaffen, in der er sich gerne aufhält. Dies gilt für unsere Familien ebenso wie für unsere Gemeinden. Wenn wir also den Heiligen Geist nicht betrüben wollen, dann müssen wir alle Bitterkeit, allen Grimm und allen Zorn, alles Geschrei, alle Lästerei und alle Bosheit aus unserer Mitte verbannen. Wenn wir ihm etwas Gutes tun wollen, dann müssen wir anfangen, einander zu lieben und einander zu vergeben.

Es ist natürlich gut, den Heiligen Geist nicht mehr betrüben zu wollen. Wir sollten aber noch einen Schritt weiter gehen und uns aktiv bemühen, ihm, so gut es geht, einen Platz in uns zu bereiten, an dem er sich geehrt fühlt. Deshalb tun wir gut daran, uns mit den Menschen in der Bibel vertraut zu machen, unter denen er sich niederlassen und durch die er wirken konnte. Ihr Beispiel sollten wir uns vor Augen halten und von ihnen lernen. Einen besseren Gefährten als den Heiligen Geist könnten wir uns gar nicht wünschen. Wäre es nicht wunderbar, wenn er dasselbe von uns sagen könnte? Dieses Ziel ist wahrlich all unseren Einsatz wert.

Weiteres aus dem Schleife Verlag

Prophetisches Bulletin

Das prophetische Bulletin ist eine zentrale Publikation der Stiftung Schleife. Es hat zum Ziel, prophetisches Reden unserer Zeit aufzunehmen und weiterzugeben, Christen zu ermutigen und zu inspirieren und das Heranwachsen eines prophetischen Volkes zu fördern. Es erscheint dreimal jährlich mit Beiträgen von Geri und Lilo Keller, dem Schleife-Team und weiteren Autoren.

Nr.: 150.000 Jahresabo

MorningStar Journal

Das MorningStar Journal findet weltweit Anerkennung als eine wegweisende prophetische Stimme. Es erscheint vierteljährlich in englischer Sprache und wird von Rick Joyner herausgegeben, unter Mitarbeit von Jack Deere, Dudley Hall und Francis Frangipane u.a.

Nr.: 250.000 Jahresabo

Weiteres aus dem Schleife Verlag

Vater Geri Keller

In der Ratlosigkeit und Not unserer Zeit, wie wahre Vater- oder Mutterschaft überhaupt aussehen kann, ist Geri Kellers umfassende Sicht dieses «Vaters aller Vaterschaft» grundlegend: voller Barmherzigkeit und Klarheit, voller Annahme und Herausforderung, eine Liebe voller Zartheit und zugleich Strenge, welche Gottes Kinder zu erwachsenen Söhnen und Töchtern heranzieht.

Nr.: 120.017

Rebell in Gottes Hand

Ken Janz

Ken Janz, der frühere Leiter der christlichen Rock-Pop-Gruppe «Deliverance», SWF3 Radio-DJ und «Rockpalast»-Fernsehmoderator, erzählt die spannende Geschichte seines Lebens: eine Geschichte vom Erfolg, von der Leidenschaft für Musik, von den Fallstricken der Welt des Rock and Roll, vom Absturz in Alkohol und Drogen – sowie von der überwältigenden Gnade Gottes und einem radikalen Neubeginn. Als Sohn des Evangelisten Leo Janz, dem Gründer des Janz-Teams, ging Ken den Weg vom Predigersohn in die Rockmusik. Erst als er Jesus Christus wieder neu begegnete, erlebte er Befreiung und entdeckte seine wahre Berufung – ein Freund und Anbeter Gottes zu sein.

Nr.: 120.032

SCHLEIFE VERLAG

Zu beziehen im Schleife Verlag

Pflanzschulstrasse 17 ▪ Postfach 85 ▪ CH-8411 Winterthur
Tel.: ++41 (0)52 232 24 24 ▪ Fax: ++41 (0)52 233 60 82
E-Mail: publications@schleife.ch ▪ www.schleife.ch